Ferdinand Wüstenfeld

Das Heerwesen der Muhammedaner

und die arabische Übersetzung der Taktik des Aelianus aus einer arabischen

Handschrift

Ferdinand Wüstenfeld

Das Heerwesen der Muhammedaner
und die arabische Übersetzung der Taktik des Aelianus aus einer arabischen Handschrift

ISBN/EAN: 9783742874627

Hergestellt in Europa, USA, Kanada, Australien, Japan

Cover: Foto ©ninafisch / pixelio.de

Manufactured and distributed by brebook publishing software
(www.brebook.com)

Ferdinand Wüstenfeld

Das Heerwesen der Muhammedaner

Das Heerwesen der Muhammedaner

und die Arabische Uebersetzung

der Taktik des Aelianus.

Aus einer Arabischen Handschrift der Herzoglichen Bibliothek zu Gotha

übersetzt von

F. Wüstenfeld.

Mit Zeichnungen und dem Plane eines Muhammedanischen Lagers.

Aus dem sechsundzwanzigsten Bande der Abhandlungen der Königlichen Gesellschaft
der Wissenschaften zu Göttingen.

Göttingen,
Dieterich'sche Verlags-Buchhandlung.
1880.

Vorwort.

Über die Gothaer Handschrift Nr. 258, deren erste Hälfte Fol. 1—106 die „Regeln für die Diwane" von *Ibn Mammâtî* enthält, habe ich in der Abhandlung über die Geographie und Verwaltung Aegyptens von *Calcaschandi* S. 35 und 148 einiges gesagt; es sind von den 15 Capiteln, deren Inhalt die Vorrede angiebt, nur die ersten zehn erhalten, aus denen ich in dem Folgenden noch ein Paar Stellen entnommen habe. Der Codex Nr. 366 enthält gleichfalls nur diese zehn Capitel und bricht noch zwei Zeilen früher als jener ab, so dass die Vermuthung nahe liegt, dass schon eine ältere Handschrift, von welcher diese beiden abstammen, nicht weiter reichte.

Als den Titel der zweiten Hälfte giebt *Möller* an: *Liber perfectionis hoc est de arte equestri (et militari)*, und er hat durch den eingeklammerten Zusatz andeuten wollen, dass die ganze zweite Hälfte zu einem und demselben Buche gehöre, was auch sehr wahrscheinlich ist, da das Ganze einen sehr verwandten Inhalt hat und auch von einerlei Hand geschrieben ist. Nur mit der weiteren Angabe über die Zeit der Abfassung, oder auch nur der Abschrift „*anno 1031 H. 1621 Chr. absolutus*" verhält es sich anders; diese Jahreszahl steht in der Unterschrift eines Besitzers der Handschrift, welcher darin gelesen hatte, طالع ڧ هذا الكتاب,

*2

derselbe Ausdruck ist von einem Arnauten Emir Muçṭafa auf dem Ti-
telblatt gebraucht mit der Jahrszahl 1194 (1780), welcher also das Buch
geliehen hatte oder in der Bibliothek des damaligen Besitzers einsah,
denn dieser letztere hat mit derselben Jahrszahl seinen Namen Aḥmed
el-Schâri el-Schâfi'î el-Azharî eingeschrieben.

Diese zweite Hälfte zerfällt wieder in zwei Abtheilungen, von denen
die erste Fol. 110—147 den vollen Titel hat: كتاب الكمال وهو الفرسية والواع
السلاح وأداب العبل بكذلك وصفات السيوف والرماح وصفات الخيل واجناسها ومعايبها ,,das
Buch der Vollkommenheit d. i. die Reitkunst, die verschiedenen Waffen
und die Anweisung zur Handhabung derselben, Beschreibung der Schwerdter und Lanzen und Beschreibung der Pferde, ihrer Racen und ihrer
Fehler." Damit ist der Inhalt so gut angegeben, dass es einer weiteren
Ausführung nicht bedarf, leider! fehlt aber der letzte Abschnitt über
die Pferde ganz und auch ein Theil des vorangehenden; in dem Capitel
über das Schwingen des Schwerdtes beginnt auf der letzten Seite noch
ein Abschnitt mit der Überschrift: ,,Wenn du Jemandem den Kopf
abschlagen willst", und die etwas verschabte Schrift dieses Blattes lässt
deutlich erkennen, dass es längere Zeit ohne schützende Decke war, bis
es durch das Zusammenbinden mit dem anderen Theile in die Mitte des
Bandes kam. Aus dieser Abtheilung habe ich das Capitel über die
verschiedenen Schwerdter der Muslimen am Schlusse dieser Abhandlung
abdrucken lassen.

Die zweite Abtheilung der zweiten Hälfte Fol. 149—215 ist ohne
Titel und enthält aus dem grösseren Werke die Abschnitte 8. 9. und
10[1]); im Inneren ist mit Ausnahme von ein Paar einzelnen Worten
keine Lücke bemerkbar, der Abschreiber hat aber einige Capitel über-
schlagen, wie aus der Zählung derselben hervorgeht. Jeder dieser drei
Abschnitte hat die Ueberschrift التعليم ,,die Unterweisung", und es lässt
sich daraus ein Zusammenhang mit der vorigen Abtheilung folgern, da
in dieser einige Male in den Überschriften ebenfalls das Wort ,,Unter-
weisung" gebraucht ist.

---

1) Anstatt التاسع 9 steht in der Überschrift dieses Capitels السابع 7 durch einen in dem Arabischen Worte leicht möglichen und öfter vorkommenden Schreibfehler.

Diese drei Abschnitte 8. 9. 10 handeln über das Heerwesen und
die Kriegführung und der Verfasser hat darin einen Theil der Taktik
des *Aelianus* aufgenommen, von der bisher nicht bekannt war, dass
davon eine Arabische Übersetzung vorhanden sei. Eine Andeutung davon findet sich in dem von *Lord Munster* im J. 1840 lithographirt her-
ausgegebenen Verzeichnisse Arabischer Werke über Kriegswissenschaft,
welche er im Orient wollte suchen lassen und zu erwerben wünschte
كتاب فهرسة الكتب التي نرغب ان ابتاعها S. ٣٨, wo er unter den Schriften der
Griechen, Perser und Inder die Bücher des *Aelianus* und *Polybius* namentlich anführt, المنقولة من اللغة اليونانية الى اللغة العربية, welche aus dem Griechischen in das Arabische übersetzt seien. Wenn man dieses Desidera-
ten-Buch des *Lord Munster* genauer ansieht, so findet man, dass es in
der ersten Hälfte nach der Reihenfolge der Capitel oder Paragraphen
den Inhalt eines ganz gleichen Werkes angiebt, wie unser Fragment,
als wenn er vorausgesetzt hätte, dass über einzelne Themata daraus
noch besondere Bücher geschrieben seien. Danach ist als sicher anzunehmen, dass die beiden Arabischen Verfasser ein und dasselbe ältere
Buch über diesen Gegenstand benutzt haben, da einige Stellen, welche
Lord Munster etwas ausführlicher excerpirt hat, wörtlich mit unbedeu-
tenden Varianten auch in unserem Fragment vorkommen. Wo diese
Handschrift des *Lord Munster* sich befinden mag, ist mir ebenso unbekannt, als ob sie die Übersetzung des *Aelianus* enthält, welche vielleicht
nur nicht als solche erkannt wurde, vermuthen lässt sich indess, dass
Lord Munster die Stelle unserer Abhandlung S. 10, 8 und 11, 7 u. 10
des Arabischen Textes vor Augen hatte, wo *Aelianus* und *Polybius* genannt werden, woraus aber nicht folgt, dass auch *Polybius* in das Arabische übersetzt sei, da *Aelianus* nur ein Citat aus ihm giebt.

So wenig nun der Haupttitel des ganzen Werkes und der Inhalt
der anderen Abschnitte bekannt ist, ebenso wenig auch der Name des
Verfassers, und es ist unwahrscheinlich, dass die Übersetzung des *Aelianus* von ihm gemacht wurde, vielmehr war sie schon vorhanden, so
dass er sie nur in sein Werk aufnahm, da ja auch der Verfasser des
Lord Munster'schen Codex von *Aelianus* etwas wusste, oder beide über

ihn ihren Vorgänger benutzten. Über sein Zeitalter kann man nur die
Vermuthung hegen, dass er um die Mitte des 8. Jahrhunderts d. H.
lebte, da er an zwei Stellen S. 17 u. 32 von der grossen Tataren-
Schlacht spricht, welche im J. 702 (Chr. 1302) bei Marg el-Çuffar geschlagen wurde (*Abulfidd* Annal. Tom. V. pag. 186), als wäre sie zu
seiner Zeit noch in guter Erinnerung. Die Schreibart, d. h. die ziemlich zahlreichen Verstösse gegen das classische Arabisch, z. B. S. 1 Z. 9
— 10 die Nominative statt der Accusative, in der Übersetzung aus *Aelianus* noch mehr als in den übrigen Stücken, sowie eine Menge von
seltenen oder bis dahin ganz unbekannten oder in besonderer Bedeutung
gebrauchten Wörter lassen ebenfalls auf ein spätes Zeitalter schliessen
und weisen auf Ägypten hin als das Vaterland des Verfassers, und um
das Characterische nicht zu verwischen, habe ich das Arabische mit allen seinen Fehlern genau abdrucken lassen. Sollte durch diese Incor-
rectheiten hier und da eine fehlerhafte Auffassung veranlasst sein, so
wird man dies namentlich bei der Benutzung nur e i n e r Handschrift
entschuldigen.

Die aus *Aelianus* ausgezogenen Stellen mögen etwa ein Drittel der
ganzen Taktik enthalten, sie sind durch die Cursivschrift kenntlich gemacht und dadurch von den Einschiebungen des Arabischen Übersetzers
unterschieden, zugleich habe ich zur leichteren Übersicht die Capitel-
Eintheilung unserer Griechischen Ausgaben angegeben. Was der Übersetzer ausgelassen hat, mochte ihm zu ausführlich sein, oder er hat anderes an die Stelle gesetzt, wie es zu seiner Zeit war; manches hat er
vielleicht auch nicht verstanden, da es nicht mehr in seinem Ideenkreise
liegen mochte. Er übersetzt oft so wörtlich, dass man das Arabische
ohne das Griechische kaum verstehen kann und dadurch schien es ge-
boten, wieder das Arabische so wörtlich als möglich zu übersetzen, um
erkennen zu lassen, wie der Araber das Griechische aufgefasst hat.
Dazu war es aber auch erforderlich, von diesem Theile den Arabischen
Text vollständig zu liefern, und um das Ganze noch deutlicher zu machen, habe ich diejenigen Wörter, auf deren Erläuterung es besonders
ankam, in der Übersetzung Griechisch, Arabisch und Deutsch zusam-

mengestellt; von den anderen Stücken habe ich nur einige Proben gegeben, um wenigstens den Inhalt des Ganzen übersehen zu lassen.

Das letztere gilt auch in Bezug auf die Übersetzung der Abschnitte,
welche noch auf *Aelianus* folgen. Zweikämpfe wurden im Orient noch
gewöhnlicher als im Occident vor dem Beginn einer Schlacht gehalten;
von den Erzählungen derselben, welche der Verfasser aus glaubwürdigen
Quellen entnommen hat, habe ich einige beibehalten. Die zehnte Unterweisung hat schon der Abschreiber nicht vollständig copiert und es
ist nichts damit verloren, dass ich sie noch weiter abgekürzt und den
übrigen Inhalt nur nach den Überschriften angedeutet habe. Die bei
Belagerungen zu Zerstörungen zu verwendenden Mittel sind in einer
Geheimschrift geschrieben, welche ich entziffert und in den „Nachrich-
ten von der Königl. Gesellschaft der Wissenschaften" 1879 Nr. 15 er-
läutert habe.

Es ist zu bedauern, dass der Verfasser ungeachtet der besonderen
Überschrift zu dem Plane des Muslimischen Lagers eine weitere Erläuterung nicht hinzugefügt hat, weil darin einige Ausdrücke vorkommen
und Ämter in der Begleitung des Fürsten und in der Armee namhaft
gemacht werden, welche sich in der Abhandlung selbst nicht wiederfin-
den; möglich auch, dass das Exemplar, welches der Abschreiber copirte,
nicht mehr enthielt. Der Arabische Plan ist in der Grösse des Originals
mit den Einzeichnungen genau nachgebildet, bei dem Deutschen, wo
sich die Bezeichnungen in die kleinen Quadrate nicht gut hineinbringen
liessen, sind die Felder nummerirt und die Erklärung dazu besonders
gegeben, wobei ich, wie auch bei mehreren anderen schwierigen Aus-
drücken mich des nie versagenden Rathes des Herrn Geh. Hofrath Pro-
fessor *Fleischer* zu erfreuen hatte.

F. Wüstenfeld.

Im Namen Gottes des barmherzigen des erbarmenden!
Hilf, gnädiger Herr.

Die achte Unterweisung.

Über die Zusammensetzung der Armeen, ihre Sammlung, ihre Befehlshaber, Hauptleute und Führer und über die Anzahl ihrer Corps in einer Weise, dass sie vor Unfällen, welche aus ihrer Schwäche entstehen, sicher sind, und was damit zusammenhängt.

Eine Pflicht, welche dem Aufseher über sämmtliche Truppen obliegt, ist, dass er bei der Anstellung der einzelnen Hauptleute nicht nachlässig verfährt, weder in Bezug auf ihre Gesammtzahl, noch auf einen Theil derselben, sondern er muss sich bei ihrer Ernennung von der Rücksicht auf das Allgemeine und auf eine vollständige Zuverlässigkeit leiten lassen. In dieser Beziehung haben die Vorfahren bei sorgfältiger Überlegung nach verschiedenen Ansichten verschiedene Wege eingeschlagen.

Erstes Capitel der achten Unterweisung.

Zu den Obliegenheiten des Fürsten gehört es für alle Angelegenheiten der Armee zu sorgen und ihr einen Führer zu geben, welcher sich schon als General ausgezeichnet hat, und fest, umsichtig, erfahren und kundig ist; einem solchen überträgt er den Befehl über die Armee. Dieser Feldherr muss zur Übernahme seines Amtes vollkommen befähigt sein, genügende Ausdauer und Schnelligkeit in seinen Bewegungen besitzen, wenig persönliche Rücksichten nehmen, selbst in Kleinigkeiten, auf die er zu achten hat, nicht nachlässig sein, denn die geringste Nachlässigkeit in der richtigen Beachtung der Verhältnisse kann für die ganze

1

Armee verderblich werden, weil, wenn er in irgend einer Anordnung
nachsichtig ist, öfter ein Emir dem anderen zwei-, dreimal darin nach-
folgt. Zuweilen nimmt ein solcher Rücksicht auf einen Schwachen, auf
ein mageres Pferd und andere Dinge, worauf er besonders zu achten hat,
dann soll der Feldherr in dieser Beziehung in keiner Sache, und wäre
sie auch geringfügig, nachsichtig sein. Der Feldherr muss, wie man zu
sagen pflegt, نزّ جمهر die Würze der Gesammtheit sein. Zur Führung
der Truppen und zur Austheilung der Befehle taugt nur ein Mann,
welcher vier, drei, zwei und eine Eigenschaft besitzt; die vier sind: Festigkeit, Geduld, welche in Schwierigkeiten vor Übereilung schützt ausser
unter günstigen Umständen, Standhaftigkeit, welche durch Unglücksfälle
selbst bei wiederholten Schlägen nicht gebrochen wird, Freigebigkeit,
welche grosse Reichthümer verachtet, wenn sie angesprochen werden;
die drei sind: Schnelligkeit in der Belohnung tapferer Soldaten für eine
Grossthat, Strenge in der Bestrafung der Pflichtvergessenen, Ungerechten
und solcher, welche Aufruhr anstiften und dem zeitigen Herrscher nicht
treu bleiben [1]); die zwei sind: Entfernung des Thürstehers, welcher die
Untergebenen abweist, gleichmässige Rechtsprechung zwischen den Starken und Schwachen; die eine ist: Wachsamkeit in allen Geschäften ohne
etwas von einem Tage zum andern aufzuschieben. Wenn er diese Eigenschaften besitzt, wird er dem Heere einen vollkommenen Schutz gewähren. Ihm zur Seite muss ein scharfsichtiger, gewandter Secretär
stehen, welcher über Alles Auskunft zu geben und die Befehle auszuführen versteht. Der Feldherr muss zu drei verschiedenen Malen über
das Heer Musterung halten, erstens beim Anfange der Zusammenziehung
der Truppen, zweitens beim Anfang des Zusammenstosses mit dem Feinde,
wobei es besonders auf die Schlachtordnung ankommt, und drittens die
Musterung bei der Beendigung des Feldzuges, wonach die Vertheilung
der Beute folgt; auch muss er in der Armee auf die Geschicklichkeit
im Reiten achten. Wir werden nun einige Abschnitte hiervon besonders
behandeln, welche, so Gott will, dem Feldherrn und seinem Secretär
eine Hülfe gewähren sollen.

---

1) hier ist eine Eigenschaft ausgelassen.

Zweites Capitel der achten Unterweisung.

Über die sprachlichen Ausdrücke und gewöhnlichen Bezeichnungen, mit Übergehung der selten gebrauchten Wörter. Wir wollen dies jetzt der Reihe nach aufführen, indem wir bei der Vollständigkeit uns dem Versprechen gemäss der Kürze befleissigen.

Hierher gehören zunächst die Bezeichnungen für die äussere Erscheinung eines Menschen. Der richtige Ausdruck für einen, der noch nicht ganz ausgewachsen ist, ist صبيّ „Bursch", wenn er sich der Mannbarkeit nähert, heisst er امرد „dem der Flaum anfängt zu wachsen"; wenn an der Stelle شارب seiner Oberlippe einige schwarze Haare hervorkommen, sagt man حين طرّ شاربه بقلع الراء „wenn ihm der Schnurrbart sprosst" oder بقل شاربه „er bekommt an der Oberlippe einen Milchbart", das erste ist besser gesagt; wann dann in ähnlicher Weise der Bart auf den Backen und am Kinn zum Vorschein kommt, sagt man حين بقل وجهه بتخفيف القاف „wenn sein Gesicht den Milchbart bekommt" in der ersten Form des Verbum ohne Verdoppelung des *Kâf*; wenn sein Bart durchgehends schwarz wird, sagt man حين اتصلس لحيته „wann sein Bart in Verbindung kommt"; wenn das Haar im Gesicht vollständig gewachsen ist, heisst er شاب „ein junger Mann"; wenn in seinem Barte einige wenige weisse Haare zum Vorschein kommen, sagt man حين خطّ الشّيب „wenn das Alter Linien zieht"; vermehrt sich dies, so dass Weiss und Schwarz gleich werden, so sagt man مجتمع „übereinstimmend" oder كهل „ausgewachsen"; wenn das Weisse sich mehrt und gegen das Schwarze vorherrschend wird, sagt man اشيب „alternd"; wenn das Weisse vollständig geworden ist, so ist er شمط „ein Greis". In die Armeeliste wird die Bezeichnung „Greis" nicht eingetragen, weil deren nur wenige vorkommen [1].

---

1) Hieraus geht hervor, dass in den Listen solche Rubriken für die Bezeichnung der Altersklassen gemacht wurden und daraus ergiebt sich der Zusammenhang dieses sonst auffälligen Abschnittes mit dem Ganzen. Ebenso gehört das Folgende zu der Personalbeschreibung des Soldaten, wie am Ende des Capitels bemerkt ist.

1*

Ueber die Bärte. Wenn das Barthaar nach allen Seiten üppig
gewachsen ist, so heisst der Mann أَلْغَى „bärtig". Vollbart"; ist der Bart
der Länge nach üppig, so heisst er طويل اللحية „langbärtig", einige bezeichnen auch dieses nur durch „bärtig"; ist er am Kinn üppig und auf
den Backen dünn, so sagt man خفيف العارضين „dünn auf beiden Backen";
wenn am Kinn und an den Backen nur wenig Haar ist, so sagt man
كوسج „mit spärlichem Bart"; sind der Haare so wenige, dass sie nur
sehr vereinzelt stehen, so sagt man سباط „mit lockerem Bart", wenn
sein Gesicht von Haaren ganz entblösst ist, so heisst er لَط oder الط
„bartlos". Wenn in dem Barte die röthliche Farbe vorherrschend ist,
so heisst er اشقر „blond", ist es noch etwas mehr, so dass er roth ist,
so sagt man اصهب „roth". Wenn Jemand das Haar lang herabhängen
lässt, so sagt man سبط الشعر „mit herabhängendem Haar", das Gegentheil
davon ist جعد الشعر „mit krausem Haar".

Wir betrachten weiter die Farbe. Weiss schrieben die alten
Araber ein als ابيض „weiss", die späteren schrieben dafür تعلو سُمرة „das
Gesprenkelte herrscht bei ihm vor" und die meisten stimmen darin über-
ein, ihn als سمر „gesprenkelt" einzuschreiben; deshalb nehmen sie auch
keine Rücksicht auf die Farbenbezeichnung اصلر „blond", weil das, was
zwischen diese kommt, nicht wieder vergeht; ein andermal loben sie
diese Farbe, nur muss sie ursprünglich sein, dann hat sie diesen
eigenen Namen. Ist der Mann weiss mit vorherrschender Röthe, so
sagt man اسمر مشرب بحمرة „gesprenkelt mit Roth vermischt", ist er nur
leicht gesprenkelt, so heisst er الم „rothbraun", ist es ein wenig mehr,
so heisst er ادم طاهر الادمة „hervorstechend rothbraun", ist es viel mehr,
so heisst er اصلر „Goldfuchs"; wenn seine Farbe dunkel ist, wird er اسود
„schwarz" genannt.

Ferner betrachten wir das Haar, welches vom Kopfe an der Stirn
herabhängt; wenn es oben an der Stirn getheilt ist, heisst es اجلى „kahl",
ist es nur wenig, so heisst es خفى „unmerklich", ist es viel, so heisst es
بين „deutlich sichtbar"; befindet sich an dieser Stelle ein kahler Fleck,
so sagt man بنزعته اثر „an seinem Scheitel ist ein kahler Fleck" mit nä-

herer Bezeichnung der Stelle ob er auf der rechten oder linken Seite
ist; wenn es mehr ist als dieses, so sagt man اجلا „Glatzkopf", und ist
es noch mehr als dieses, so sagt man اجلح „Kahlkopf;" so war 'Alí
ben Abu Ṭálib; اصلع sagt man, wenn der vordere Theil des Kopfes gänz-
lich kahl ist.

Wir betrachten nun die Stirn. Wenn sie breit ist, so heisst der
Mann واسع الجبهة „mit breiter Stirn", das Gegentheil davon ist ضيق الجبهة
„mit schmaler Stirn"; wenn ihre Haut in Falten gelegt متكسر ist, sagt
man بها غضون „es sind Runzeln daran"; wenn eine Narbe davor ist, so
wird besonders erwähnt, an der und der Seite; reicht diese bis an das
Haar, so heisst es متصل بلصاص شعره „bis an den Rand seines Haares rei-
chend"; reicht sie bis an die rechte oder linke Augenbraune, so wird dieses bemerkt und gesagt مقترن :حاجبه „mit seiner Augenbraune verbunden";
ist ein Fleck darauf, so sagt man, daran ist ein unmerklicher oder ein
deutlich sichtbarer خلل Fleck auf der und der Seite.

Dann betrachten wir die Augenbraunen. Wenn sie an einander
stossen, sagt man مقرون بينهما بين او خفى „deutlich oder unmerklich mit
einander verbunden"; ist eine Falte als Trennung dazwischen, so sagt
man مقرون بينهما خط „verbunden, dazwischen eine Falte" oder zwei Falten,
wenn es breiter ist; wenn es مفترص „gefurcht" ist, sagt man بينهما الثناء
„zwischen beiden eine Trennung"; ist ein Fleck dazwischen, so wird
dies erwähnt. Dann wird die grössere oder geringere Menge ihrer Haare
angegeben und gesagt: مقرون الحاجبين عليطهما او دقيقهما „mit dicken oder
dünnen Augenbraunen, die mit einander verbunden sind"; oder sind die
Haare von einander getrennt, so sind die Ausdrücke dafür ابلج oder ابلد
oder الفرق; sind die Augenbraunen dünn und kurz, so sagt man ازج, in
der gewöhnlichen Sprache مزجج; wenn das Haar derselben dick und
voll ist, so ist der Mann اوطف, wenn es lang überhängt und gebogen
ist, so ist er اقوس, wenn es dünn und spärlich gewachsen ist, so ist er
ابص, wenn es nach vorn dick und nach hinten dünn ist, so ist er ادمس,
und wenn ihm alle Haare ausgegangen sind, so ist er امرط.

Hierauf betrachten wir die Nase. Wenn sie lang ist, so heisst der Mann طويل الانف „langnasig", wenn sie in die Höhe steht, heisst er اقنى, umgekehrt ist قصير „kurz"; wenn sie von hinten in die Höhe geht, so ist er أشم [1]; „dick" ist غليظ und umgekehrt دقيق „dünn"; wenn die Spitze der Nase nach dem Munde gekehrt ist, heisst er أورد الارنبة [2]); sind seine Nasenlöcher weit geöffnet, so heisst er منتشر المنخرين; wenn sie in der Mitte breit ist, so wird er افطس genannt; wenn der hintere Theil gebogen ist, sagt man اخنس; wenn die Nase nach einer von beiden Seiten gewandt ist, sagt man أورد; ist von ihrer Spitze ein Stück abgeschnitten, so ist er اجدع „verstümmelt"; ist es an احد الناشرين einem der beiden Nasenflügel geschehen, so ist er أخرم; ist die Nase klein, ebenmässig, so sagt man اللف [3]); wenn sie kurz, entstellt ist, so sagt man اللف اكرم (؟), ist ihre Form stark in die Breite gedrückt, so sagt man افطح; wenn dies noch mehr der Fall ist, so dass sie wie eine Rindsnase aussieht, so heisst dies اخثم; ist sie erhaben in Proportion, so sagt man اشم; wenn ihre Spitze stark nach der Wölbung der Lippe geneigt ist, so ist dies الحجن; wendet sich dies nach einer von beiden Seiten, so heisst es اقعم; wenn die Spitze sich nach der Nasenscheidewand erhebt, heisst der Mann اقنى.

Danach betrachten wir die Lippen. Wenn sie beide dick sind, sagt man غليظ الشفتين, das Gegentheil ist دقيق; ist die Oberlippe aufgeworfen, so heisst sie اسعلاء, ist sie kurz, so nennt man sie متسمر „angenagelt"; ist die untere aufgeworfen, nennt man sie مدلاء oder دالعة; ist in der oberen eine Scharte, so sagt man اعلم, bei der unteren heisst dies افلح; ist in der Mitte der oberen ein Zwischenraum zwischen dem Bart, so nennt man sie طرماء, an der unteren nennt man sie نزفاء.

Alsdann betrachten wir das Aeussere des Gesichtes. Sind

---

1) Dies wird im *Kámús* erklärt „mit engen Nasenlöchern"; die Handschr. hat اشم.

2) Im *Kámús* وارد الارنبة „mit langer Nasenspitze."

3) Darauf folgen die Worte معربد بلا حاجة mit darüber geschriebenem ط als Zeichen eines Fehlers غلط; den folgenden Ausdruck اكرم würde man eher von einer edlen Form erwarten.

die beiden Backen eingefallen, so sagt man محسوم الخّدين; steht der obere
Theil derselben hervor, so heisst es ناتئ الرجنتين; sind im Gesichte Po-
ckennarben deutlich sichtbar oder unmerklich, so sagt man مجدور بين او
خفى; sind sie an einzelnen Stellen, so sagt man: in seinem Gesichte
sind لبد جدرى einige wenige Pocken, und giebt dazu die Beschaffenheit
an und beschreibt die Stelle, an welcher sie sich befinden; dazu auch
die Farbe als roth oder deutlich schwarz. Auch werden die im Gesicht befindlichen Male oder Flecken, lang oder breit, oder Narben u.
d. gl. angegeben.

Darauf betrachten wir die Zähne. Wenn zwischen ihnen ein
Zwischenraum ist, so heisst es افلج, und مفلج الثنايا „mit getrennten Vor-
derzähnen" sagt man, wenn es sich auf diese besonders und auf die
nächsten und die Augenzähne bezieht, die unteren oder die oberen oder
beide, oben oder unten oder in beiden Reihen. Wenn einer von ihnen
ausgefallen ist, so wird dies erwähnt und die Stelle angegeben und wie
es vor dem Ausfallen war, unten oder oben, rechts oder links. Wenn
sie ganz oder theilweise eine dunkle Farbe bekommen, sagt man, sie
werden da und da فسد „schadhaft", und wenn sie an den Seiten deutlich oder unmerklich abbröckeln, so ist ein solcher Mann اكس بين او خفى
und wenn sie soweit abbröckeln, dass sie mit der Wurzel gleich werden,
so heisst er أثرم; bricht ein Zahn ab, so heisst er اقتم und wenn die
Zähne ganz weggehen und nur اسناخها ihre Kiefern bleiben, so ist er الطع.

Nun betrachten wir die Ohren. Wenn er kleine Ohren hat,
heisst er اصمع, sind sie beide durchbohrt, so heisst er مثقوب الاذنين, ist es
nur mit einem der Fall, so wird dies erwähnt, und ebenso wenn ihm
beide Ohren abgeschnitten sind oder eins oder ein Theil desselben.

Endlich betrachten wir das Aeussere und Innere seiner Hände
und seine Arme. Wenn daran eine Narbe von einem Hieb, von Feuer
oder d. gl. ist, so sagt man an seiner Hand ist das und das.

Dies ist in der Kürze das, was gewöhnlich in der Armeeliste vorkommt.

Drittes Capitel der achten Unterweisung.

في الفراسة. Ueber die Physiognomik d. i. über das, worauf man
bei einem Manue nach allen seinen Zuständen schliessen kann.

دلايل الشعر. Die Deutung der Haare. Weiches Haar deutet auf
Furchtsamkeit, hartes auf Tapferkeit; viel Haar auf dem Bauch deutet
auf starken Geschlechtstrieb, viel Haar auf dem Rücken deutet auf
Tapferkeit, viel Haar auf den Schultern deutet auf Dummheit und مكر (?)
Heimtücke, viel Haar auf der Brust und dem Bauche deutet auf geringen Verstand, aufrechtstehendes Haar auf dem Kopfe und auf dem ganzen Körper deutet auf Furchtsamkeit.

Diese Probe mag genügen; es folgt auf 8 Seiten die Auslegung über Character,
Eigenschaften und Fähigkeiten, worauf die Beschaffenheit der übrigen Theile des
Körpers soll schliessen lassen: der Stirn, Augenbrauen, Nase, des Auges, Mundes,
der Lippen, Zähne, des Gesichtes, des Lachens, des Ohres, Nacken, der Stimme, des
Athems, der Sprache, der Beleibtheit, Magerkeit, des Rückens, des Körpers, der
Füsse, und umgekehrt auf welche Beschaffenheit der Glieder Dummheit, Tapferkeit
und gute Anlagen schliessen lassen. — Das vierte Capitel fehlt.

Fünftes Capitel der achten Unterweisung.

في الولايات بالعساكر. Die oberste Leitung der Truppen. Hierzu gehört
vor Allem, dass der Fürst einen der ausgezeichnetsten Emire an die
Spitze stellt, welchem er den Befehl ertheilt, die Vorhut und die nächtlichen Patrouillen abzuschicken und Kundschafter und Berichterstatter
anzustellen. Dieser Emir muss die grösste Sorgfalt hierauf verwenden,
damit die Beschaffenheit der Wege und der Stand der Feinde ihm genau bekannt werde, so bald sie zu Gesicht kommen, und ihm nichts
von ihren Verhältnissen verborgen bleibe; er muss mit Hülfe des Post-
meisters die Richtungen der Wege, welche zu ihnen führen, von allen
Seiten inspicieren, um sich über die Zustände und Oertlichkeiten des
Kriegsterrains zu unterrichten, vom Beginn des Ausmarsches an bis zur
Ankunft und dem Zusammenstoss. Dieser Posten ist einer der nütz-
lichsten für die Armee und dieser Emir muss auf die Kundschafter

achten, welche mit Umsicht für die Islamitische Armee sorgen sollen
u. s. w. [1]).

Zur Ordnung des Marsches [2]) ist erforderlich, dass der Feldherr
die Truppen in vier Corps eintheile, das erste bildet die Vorhut, das
sind diejenigen, welche vorangehen und für die Herstellung des Weges
sorgen, nachdem ein Emir als Wegweiser und ein Emir, welcher die
Bestimmung für das Haltmachen und den Aufbruch zu machen hat,
voraufgegangen sind. Das zweite Corps bildet die Nachhut, das sind
diejenigen, welche hinterher marschiren und die Nachzügler und die,
welche von dem Hauptcorps abkommen, decken und da, wo dieses zusammengedrängt wird, so wie die von der Armee ab- und zugehenden
beschützen. Die beiden anderen Corps bilden die Mannschaft des rechten
und linken Flügels und decken diese beiden Seiten in ähnlicher Weise,
wie die beiden erst genannten Corps decken. Der Vorhut zunächst
folgen die Kaufleute und Krämer, die Bedienten und Lakeien, dann
kommen die Waffenvorräthe, die Kriegskasse, die Gepäck- und Proviant-
Träger, die Verwaltungsbeamten aus den Secretären und Vorstehern der
Bureaux, und was damit zusammenhängt. Daran schliessen sich die
Kammerherrn und die Ritter, nämlich der Stab von Emiren und die
Gross-Emire reiten dem Inhaber und Führer der Truppen voran. So
sind die Truppen von ihren Kassen, den Vorräthen und den Emiren
umgeben, welche für ihre Bedürfnisse und ihre Sicherheit sorgen, und
dies trägt offenbar am meisten dazu bei, sie in gutem Stande zu erhalten,
und ist die sicherste Art ihres Schutzes. Dann giebt der Commandirende den Emiren den Befehl, einige von ihren Mannschaften zur Dek-
kung und als Wache für die Nacht aufzustellen, und ebenso dem Of-
ficier der Wache, welche er für sich selbst aufstellt; sie müssen für die
Leute, welche zum Schutz der ganzen Armee dienen, wenn sie sich la-
gert, aufs beste sorgen und sich in grössere oder kleinere Abtheilungen

---

1) Es folgen noch weitere Vorschriften und Rathschläge für den Feldherrn
und eine Anrede des Fürsten an die Truppen, womit er sie entlässt.

2) Der wesentliche Inhalt dieses Paragraphen bei *Lord Munster* S. 64 fg.

theilen, gewöhnlich in zwei, von denen die eine den ersten Theil der
Nacht, die andere den zweiten Theil die Wache hat. Einer der früheren Könige hatte dem Armeecommandanten gesagt, der Oberofficier
der Wache solle seine Leute in zwei Theile theilen und jedem Theile
befehlen, abwechselnd in gewissen Abtheilungen um die ganze Armee
herum zu gehen, so dass sie bei der Umkreisung wie ein Alle um-
schliessender Ring wären, sie sollten sich in mehrere Unterabtheilungen
theilen und zwischen je zweien derselben ein gewisser naher Abstand
sein, so dass während der Nacht durch die Runde der Wache keine
Seite der Armee ungeschützt bleibe, indem die ersten an die letzten
reichten, möchten sie marschiren oder still stehen.

Wenn die Armee sich auf den Marsch begeben soll, so wird ein
günstiger Tag zum Auszuge gewählt, denn der Prophet pflegte zu den
meisten seiner Feldzüge an einem Donnerstage aufzubrechen, und wenn
es an einem Donnerstage nicht möglich ist, so kann der Sonnabend gewählt werden.

Wenn sich die Armee dem Feinde oder dem Kriegsschauplatze nähert, so muss der Armeecommandant die Reihen ordnen und die Officiere auswählen für den Fall, dass er den Feind plötzlich überfallen
könnte. Sobald sie in Feindes Land einrücken, befielt der Anführer den
Officieren und ihren Mannschaften, seinem Befehle nicht entgegen zu
handeln, denn wenn sie dies thuen, bleibt ihnen oftmals die Lage ihrer
Feinde verborgen. Dahin gehört, dass sie ihre Pferde nicht frei auf die
Weide gehen lassen, dass sie mit ihren Waffen kein Geräusch machen,
dass sie nicht gar zu oft den Gruss *el-salâm* wiederholen, dass sie mit
Ruhe marschiren, dass sie aufmerksam auf alles hören, was auf der
Seite des feindlichen Heeres vorgeht oder was möglicher Weise Besorg-
niss erregen oder zu besonderer Vorsicht veranlassen kann, denn wenn
viele Stimmen laut werden und Geschrei sich erhebt, so kann damit
leicht etwas bis zu den Gränzen des Heeres hinüber dringen, was seine
Aufmerksamkeit erregt und ohne den Lärm und Tumult nicht in dessen
Mitte oder auf einer anderen Seite desselben bekannt geworden wäre;
und wenn das Schreien und Lärmen nicht vermieden werden kann, sollen

sie doch nicht so rufen, dass der Feind ihre Namen, oder gar ihre Parole und andere Wörter versteht, weil dies dazu verhilft, dass Kundschafter zu ihnen eindringen und ihre Lage ausforschen. Dies alles ist zum Schaden der Armee und in unserer Zeit hat man dies aus Vorsicht unterlassen und es geschieht nur noch von den Soldaten, welche nach Sis (an der Syrischen Gränze zwischen Antiochia und Tarsus) und anderen Gränzgebieten geschickt werden, weil sie dies von jeher so gewohnt sind.

Der Feldherr muss ferner, wenn er sich dem Feinde nähert, die Musterung der Truppen wiederholen, er lässt den Musterungs-Secretär kommen und ihre Namen, Anzahl und Ausrüstung feststellen, mustert ihre Bekleidung, sieht nach ob sie geputzt und ihre Waffen stark sind, um jede Art von ihnen an ihren Platz zu stellen, wie wir gleich erwähnen werden. Nämlich die Leute mit vollständiger Bewaffnung und vollkommen guter und passender Ausrüstung werden für das erste Glied eingeschrieben, ihre Bekleidung reicht bis unten auf die Erde hinab; dann sucht er diejenigen aus, welche ihnen in der Ausrüstung am nächsten kommen, um sie für das zweite Glied zu bestimmen, dann die nächstfolgenden für das dritte Glied; die für das zweite und dritte Glied haben nicht so lang herabreichende Ausrüstung. Ebenso sucht er dann die darauf folgenden aus, welche in das vierte und fünfte Glied gestellt werden sollen. Auf diese Weise wird das Heer geordnet. Hierauf inspicirt er auch das Fussvolk und diejenigen, deren Ausrüstung bis auf die Erde reicht, kommen in das erste Glied zu stehen, in einer Stärke, wie es dem Feldherrn passend scheint, je nachdem er sie in drei oder vier Gliedern aufstellen will.

فصل ما للمحارب من السلاح فى الاسلام

Über die Waffen der Krieger im Islam[1]).

Die Bewaffnung besteht in einem festen dauerhaften Panzer, nicht zu schwer und nicht zu leicht, in einem Helm, einer anschliessenden Mütze unter dem Helm, zwei Armschienen, zwei Beinlingen und zwei

1) Diesen Abschnitt hat der Verfasser dem 2. Cap. des Aelian nachgebildet.

Beinschienen. Das Pferd zum Angriff muss einen festen Huf haben
und an der Brust, dem Vordertheil, Hals und Hintertheil stark sein.
Die Ausrüstung zum Kampfe besteht aus zwei festen starken Bogen,
30 Pfeilen mit geraden gefeilten Spitzen, hartem Mittelstück und eisernen غرب Flügeln, aus einem mässigen Köcher, der nicht zu gross ist
und dadurch beschwerlich wird, so dass er die Aufmerksamkeit ablenkt,
auch nicht zu klein, so dass er nicht alle Pfeile fassen kann und dadurch ungenügend ist, von festen länglichen Lederstreifen, mit festen
Nähten und Bändern von wirklichem Leder, aus einer خربة وهوالنيملنج
Köchertasche mit starken Schnüren, einer starken Lanze mit heilem
Schaft, ganz gerade, nicht übermässig lang, aber auch nicht zu kurz, so
dass sie ihren Zweck nicht erfüllt, mit einer Spitze vom besten Eisen
mit vielen لكوذ scharfen Kanten, von ausserordentlicher Härte mit einem
durchdringenden äussersten Ende; einem geraden Wurfspeer, einem
scharfen bewährten Schwerdt ganz von Eisen mit lobenswerther Treff-
fähigkeit oder kurz, handlich, schneidig[1]); einem spitzen zweischneidigen
Messer oder einer zugespitzten شديدية, einem starken جزر Streitkolben,
welcher den damit kämpfenden weder durch seine Schwere überwältigt,
noch durch seine Leichtigkeit ihn täuscht, um einen kräftigen, durch-
schlagenden Hieb zu thun, oder einem blanken طبر Beil auf beiden Seiten
geschärft mit einem festen Griff, womit man auf einen Hieb eine starke
Waffe zerhauen kann; aus 30 Steinen in zwei Beuteln, welche an dem
Sattelknopfe rechts und links herabhängen. Dies ist die Ausrüstung
eines zum Kampf bereiten Reiters und wenn etwas daran fehlt, so ist
er unvollständig ausgerüstet.

Nach dem, was oben in Bezug auf die Verschiedenheit oder Gleich-
heit der Bewaffnung über den Schlachtkampf gesagt ist, wenn Kavallerie
gegen Kavallerie, Infanterie gegen Infanterie oder Kavallerie kämpft,
giebt es neun verschiedene Mannschaften in den Armeen[2]): 1) Die Soldaten mit vollständiger Bewaffnung; 2) die Schildträger, welche جنيبت

---

1) Vergl. den Zusatz am Schlusse der Abhandlung.
2) Die folgende Stelle wörtlich bei *Lord Munster* S. ٣.

Palisaden tragen; 3) die Leichtbewaffneten, das sind الخراسانية والنّزّاقون والنّفّاطون, die Chorasanier, die Mischkrug-Schleuderer[1] und die Naphtha-Schleuderer, diese drei Classen bilden die Reihen der Fussgänger; 4) die Reiter, welche lange Lanzen tragen, einige derselben sind زرّاقين Krug-Schleuderer; 5) die Reiter, welche mit مزاريق kurzen Lanzen werfen; 6) die Reiter, welche mit Pfeilen schiessen; diese drei bilden die Reihen der Reiterei; 7° die Reiter, welche ganz in Waffen eingehüllt sind; 8) diejenigen, welche die zusammen gekoppelten Pferde reiten, das sind الرّشاقية die Knappen, welche die Handpferde nebenher führen; 9) die Bedienten und Elephanten-Wärter, wenn solche vorhanden sind, kommen an diese Stelle, und das Gepäck dahinter.

Wenn der Feldherr einen Emir für das Haltmachen und Aufbrechen ernannt hat, so muss dieser die geeigneten Lagerplätze wählen, wo sich Wasser und Futter befindet, sie müssen in der Ebene liegen und es ist dabei auf die Sicherheit, einen längeren Aufenthalt und einen etwaigen Angriff Rücksicht zu nehmen; wenn es nöthig scheint, werden die dahin führenden Hauptstrassen mit Wachen besetzt, und Alles wird mit Umsicht passend und bequem eingerichtet. Sobald nun ein solcher Lagerplatz bezogen wird, befiehlt der Emir vor Allem, noch an demselben Tage ohne Aufschub und Zögern einen Graben zu ziehen, dieser dient zur Deckung der Armee, verhindert das Desertiren, vereitelt die Versuche eines Überfalls und schützt gegen andere Gefahren, welche durch die List des Feindes und unerwartete Ereignisse herbeigeführt werden können. Jeder Zugang des Grabens wird einem zuverlässigen Hauptmann übergeben, welcher die Aufsicht führt, um die Aus- und Eingehenden zu überwachen.

فصل في البيات والكمين

Über den nächtlichen Überfall und Hinterhalt.

Dies ist etwas, wonach der Feldherr streben und wovor er sich hüten muss, damit nicht der Feind eine Gelegenheit erfasst und die

---

1) Diese Bedeutung ergiebt sich aus der zehnten Unterweisung, wo das Wort wieder vorkommt.

Muslimen gedeckt sind, während sie jenem einen Hinterhalt legen, dem gemäss, was von dem Propheten überliefert ist, als er über die Angehörigen der Ungläubigen gefragt wurde, wenn sie nächtlicher Weile überfallen und ihre Frauen und Kinder betroffen würden; er antwortete: sie gehören zu ihnen. Amr ben Dinâr drückt es nach Ibn 'Abbâs bestimmter aus: sie gehören zu ihren Vätern. Die Richtigkeit dieser Überlieferung ist begründet, sie ist von Muslim in seine Sammlung aufgenommen[1]) und von anderen, welche sie sämmtlich auf Sofjân ben 'Ojeina zurückführen. Es ist ferner durch Ibn Omar überliefert, dass der Prophet zweimal gegen die Banu el-Muçtalik einen Zug unternommen habe um ihre Heerden zu rauben; er schlug die Schlacht und nahm die Kinder gefangen. Diese Überlieferung ist gleichfalls in der Wahrheit begründet, Muslim hat sie aufgenommen, und darin liegt der Beweis, dass es erlaubt ist, die Ungläubigen in ihrer Sorglosigkeit und Nachlässigkeit bei Nacht zu überfallen und zu tödten, auch wenn ihre Kinder und Frauen mit davon betroffen werden.

Wenn nun der Feldherr die Muslimen in einen Hinterhalt legen will, so stellt er einen umsichtigen Emir an ihre Spitze, welcher darin schon bewandert ist, und wählt für die Truppen des Überfalles solche Pferde aus, welche wenig Geräusch machen, nicht wiehern, nicht wiederholt dazu ansetzen, nicht im Halse kollern, nicht davon laufen, ruhig sind und andere gute Eigenschaften haben, nicht ungestüm aufrennen, sondern ruhig sind, wenn mit ihnen ein Angriff gemacht werden soll, nicht störrig, so dass sie dem Zügel nicht folgen und Sattel und Zügel sich nicht wollen anlegen lassen, und die nicht scheu werden.

Der Reiter hierzu muss kühn sein, vor schwierigen Unternehmungen nicht zurückschrecken, ein guter Reiter sein, nicht schreien, nicht husten, nicht leicht durstig werden, nicht schnarchen, nicht im Halse röcheln, keine rauhe Stimme haben, leicht erwachen ohne schlaftrunken zu sein, nicht lange Abscheu haben, bei der Nachtwache nicht träge, nicht dumm, nicht schwachsichtig sein, aufhorchen, wenn sich ein Geräusch vernehmen

---

1) *Muslim,* Corpus tradit. ed. Calcutt. Vol. II. pag. 143.

lässt, und wäre es noch so leise, rasch bereit, wenn ein Angriff und Verstoss gemacht werden soll, nicht träge, nicht gleichgültig, nicht zaghaft, beseelt von dem Verlangen sich Ehre und Ansehen zu erwerben. Er wähle sich eine fest gearbeitete, durchschlagende Waffe, nicht schartig, womit er einen kräftigen Hieb ausführen und schwere Verwundungen beibringen kann[1]). Wer sich in einen Hinterhalt legen will, der wähle dazu einen Ort in der Nähe von Wasser, damit nicht, wenn die Sache sich in die Länge zieht, der Durst sich einstellt, da sie das Wasser nahe haben; der Weg zu dem Wasser muss eben sein, die Pferde dürfen sich darauf nicht drängen. Der Ort des Hinterhaltes muss an einer Stelle sein, wo der Aufgang zur Warte bei Nacht und bei Tage nicht beschwerlich ist, hochgelegen, damit der oben stehende jede Person von weiten wahrnehmen, sich niemand verstecken oder heranschleichen kann, kein Hinderniss darf ihm dagegen im Wege sein. Jeder Theilnehmer muss die nöthige Kleidung bei sich führen, gegen die Kälte, wenn es Winter ist und wenn es Sommer ist, dann dem entsprechend. Leichtsinn und Zerstreuung müssen sie ablegen, wo sie auch sein mögen, sie müssen ruhig sein und sich des Schweigens befleissigen, Wild und Vögel nicht aufschrecken, denn durch das Stillsein wird ihr Versteck nicht verrathen und sie haben den Vortheil nicht bemerkt zu werden, und wenn sie dann angreifen wollen, nehmen sie die Gelegenheit dazu wahr ohne Aufregung, Unruhe und Leidenschaft, sondern sie erheben sich mit festen, gesammelten, ruhigen, nicht flüchtigen und verwirrten Gedanken und vertrauensvollem, erhebendem und feurigem Muthe. Ihr Angriff muss sein wie ein loderndes mit Donner verbundenes Feuer, welches alles, was ihm vorkommt, grünes und trockenes verbrennt, damit sie einen vollständigen Sieg über ihre Feinde davon tragen und ihre Absicht erreichen.

Die in einem Hinterhalt liegen, dürfen daraus nicht alle auf einmal hervorbrechen, damit der Feind sie nicht für viele hält und ihm ihre Anzahl zur Zeit ihres Angriffes verborgen bleibt; dabei müssen die Wächter den Stand des Feindes sorgfältig beobachten, und wenn der

---

1) Im Auszuge dieselben Ausdrücke bei Lord *Munster* S. 6A.

Hinterhalt sich in zwei Theile theilt, so ist dies besonders gut in der
Voraussetzung, dass der Feind, wenn er ihre Anzahl für gering hält, oftmals Lust bekommt, sie anzugreifen und sie, wenn dann der Hinterhalt
der Muslimen flieht, verfolgt, dann bricht der zweite Theil gegen sie
hervor. Keiner darf nach Beute begierig sein, sondern einer muss den
anderen anfeuern, den Feind anzugreifen, niemand darf sich von den
anderen entfernen, und wenn sie ihre Absicht erreicht haben, kehren
sie auf ihre Plätze zurück, ohne einen von ihnen zurückzulassen. Wenn
einem sein Pferd schwach wird, so lässt ihn der andere hinter sich auf-
sitzen und lässt ihn nicht im Stich, denn daraus entsteht ein grosser
Schaden, wie es bei den Truppen auf Expeditionen bekannt genug ist.

Einige der früheren Könige haben für den Hinterhalt[1]) die Hälfte
der ganzen für einen Krieg aufgestellten Armee bestimmt und gesagt,
der Hinterhalt sei das Fundament im Kriege, und wer keinen Hinterhalt habe, der setze seine Truppen dem Untergange aus. Andere sind
der Ansicht, dass der Hinterhalt aus zwei Drittel der Armee bestehen
müsse, noch andere sagen, die geringste Anzahl sei ein Drittel, weniger
nicht. Wenn es für zweckmässig gehalten wird, so theilt der Feldherr
die Mannschaft des Hinterhaltes in drei Theile, der erste entfernt sich
nach beiden Seiten der Kundschafter nicht eine Meile weit und darüber
hinaus nach der Seite, wohin der Feind entfliehen könnte, soweit als es
die Aufstellung der Ungläubigen zulässt, und wenn die Länge der Linie
auf beiden Seiten der Ungläubigen eine Meile betrüge, so würden jene
an die äusserste Gränze der Meile, bis wohin das Ende der Linie des
Feindes reicht, zu stehen kommen und dies ist eine der beiden Seiten
der hinteren Schlachtlinie. Der zweite Theil des Hinterhaltes steht auf
der anderen Seite in derselben Ordnung und der dritte hinter der Armee
im Rücken der hinteren Schlachtlinie. Die beiden zu beiden Seiten des

---

1) Während das Wort „Hinterhalt" bisher von einem Corps gebraucht wurde,
welches dem Feinde auflauert, bezeichnet es im Folgenden in dem Sinne von „Rück-
halt" auch ein Corps, welches von der Hauptarmee getrennt steht, um zur geeigneten
Zeit als „Hülfscorps" einzugreifen, und in einigen Fällen sogar vor der Front seine
Stellung haben kann.

Feindes aufgestellten Hinterhalte hindern die Flüchtlinge desselben, sich
durch Umgehung auf die Muslimischen Truppen zu werfen und bilden
einen Damm zwischen ihnen und zwischen einem Hülfscorps, wenn ein
solches vorhanden ist, und bringen zu den Muslimen diejenigen zurück,
welche zu ihren Feinden flüchten wollen; und der Hinterhalt hinter der
letzten Schlachtlinie der Muslimen dient ihnen als Hülfscorps. Wenn
eine Abtheilung desselben durch einen besonderen Befehl zu einer gelagerten Truppe kommt, so nimmt der Hinterhalt hinter derselben seine
Stellung, dadurch dient er zum Schutz für diese gelagerten und dadurch
wird für die Sicherheit am besten gesorgt. Wenn die Aufstellung zur
Schlachtordnung sehr ausgedehnt ist, so ist es am zweckmässigsten, dass
der Hinterhalt sich in mehrere Theile theilt, um das Ganze zu schützen.
Wenn ein Corps zu schwach ist und zum Weichen gebracht wird, so
kommt ihm der hinter ihm stehende Hinterhalt zu Hülfe, vereinigt sich
mit den Weichenden und füllt die entstandene Lücke wieder aus. So
geschah es im J. 702 auf der so gen. Wiese el-Çuffar [1], freilich ohne
dass ein Hinterhalt aufgestellt war, sondern durch die Hülfe Gottes.
Als nämlich beide Armeen in Schlachtordnung aufgestellt waren, warfen
sich die Tataren auf den rechten Flügel der Muslimen und durchbrachen
ihn, so dass ein Theil der Flüchtenden nicht wieder zum Stehen gebracht werden konnte. Der linke Flügel der Muslimen konnte die Tataren nicht sehen. Als nun die Trommeln geschlagen wurden, kehrte
ein Theil der Leute, welche schon geflohen waren, zurück, der linke
Flügel vereinigte sich mit dem Centrum und so wurde die Schlachtordnung wieder hergestellt, als wenn keiner darin fehlte. So war also
der linke Flügel gleichsam der Hinterhalt der Armee und zwar durch
Gottes Fügung, nicht durch ihre Veranstaltung, und der Feind wurde
so total geschlagen, dass er nachher keinen Widerstand mehr leisten
konnte. Erkenne hierin, o kluger Feldherr, die That Gottes und seine
Leitung; der Einsichtige deutet dabei auf den Hinterhalt hin, denn er
befreiet die Armee aus sehr grosser Gefahr.

1) *Abul-Fidâ* nahm Theil an dieser Schlacht; vergl. Annal. Muslem. T. V. pag. 184.

3

Über das Lager des Fürsten und der Truppen bei einer
Belagerung, über den Platz, welchen jeder einzelne von
ihnen im Lager einnimmt, nach der Ansicht der früheren
Herrscher, und über die sorgfältige Deckung darin.

Plan.

Erläuterung zu dem Lager des Fürsten und der Truppen
und dem Platze jedes einzelnen von ihnen.

Um eine Festung, eine Burg oder d. gl. einzunehmen, (denn dazu
sind manche nothwendige Dinge erforderlich, von denen man nicht eins
entbehren kann), ist es nöthig, dass der zum Commandanten ernannte
Emir ein treuer, erfahrener, einsichtsvoller Mann sei, welcher auf den
ersten Blick erkennt, wer durch Einsicht und Kampfeslust zu dem Unternehmen tauglich ist, so dass sie seinen Anordnungen, die zu dem
Unternehmen nöthig sind, bereitwillig folgen, ihm bündige Zusagen geben,
mit äusserster Tapferkeit zum Schutz und Schirm ihm vorangehen, nachdem sie ihm alle Waffen und Werkzeuge, welche zu einer Belagerung
gehören, herbeigeschafft haben, wenn sie zur Belagerung schreiten, d. h.
wenn der Sturm gemacht werden soll. Beim Angriff hängt der grösste,
vollständigste und sicherste Erfolg ab [1] von gut gearbeiteten festen Bogen,
langen und kurzen Pfeilen, المجاري ,وطراد? Armbrusten, runden und langen
Schilden, الكاتبل grossen und kleinen Körben, المراكي Kübeln, grossen und
kleinen Wurfmaschinen, Schleudern, Indischen Bogen, welche in der
Nässe auch alten, Raucherzeugern mit ihren Wurfmaschinen, den zu den

---

1) Der folgende Abschnitt ebenso bei *Lord Munster* S. ٧١.

verschiedenen Arten des Werfens und Schleuderns zugerichteten Steinen,
den Leitern mit Zubehör, den eisernen Instrumenten, womit die Stricke
durchgehauen |werden, viereckigen auf vier Beinen stehenden جمّارات
leicht beweglichen Holzgerüsten, Spitzeisen, مصلّم حى Zangen? —, eisernen Hacken, Beilen, Messern, gekrümmten Haken, Kesseln zum
Schmelzen von Schwefel und Naphtha, scharfen Bohrern, Werkzeugen,
mit denen der geschmolzene Schwefel ausgefüllt und mit denen bren-
nende Naphtha geschleudert wird, Schwefel, Pech, Nutz- und Brennholz.
Hierzu kommen die Handwerker, wie Zimmerleute, Sattler, Stellmacher,
Pfeilschnitzer, Eisen- und Kupferschmiede mit ihren Werkzeugen, Stein-
hauer und Minirer, und aus allen diesen Fächern die Mannschaft bis
zu ihrem Meister, zur Aufsicht über das Ganze die Ingenieure, welche
wieder dem bei der Belagerung commandirenden Emir unterstellt sind.
Ferner die Schuster, Riemer und Deckenmacher, und alles was bei Fe-
stungen an Proviant und Futter bereit gehalten werden muss und was
zur Ernährung und Stärkung nöthig ist, und zum Schutz der Brücken,
Gräben und قرينات eingefriedigten Plätze mit ihren Umzäunungen, Pfei-
lern, Mauern und Dämmen, die Wachthäuser und Warten mit ihren
Wächtern und Wärtern, die Pförtner, die Thore und Schlüssel und deren
Hüter und zuverlässige Aufseher, die Aufstellung der Mannschaften auf
allen Seiten und Enden, das Anzünden der zahlreichen, weithin sicht-
baren Leuchtfeuer, die Aufstellung jedes einzelnen Mannes an dem für
seinen Auftrag passenden Platze, — dies sind die Dinge, von denen
auch nicht das geringste verabsäumt werden darf.

Erklärung des Lager-Planes.

الملك	1	der Fürst
الفناء	2	der Vorplatz
الدهليز	3	die Flur
الانشاء والعلماء	4	das Secretariat und die 'Ulema
ديوان السرّ	5	das geheime Cabinet
صاحب شراب الخاص والوصفاء	6	Hof Restaurant und Bedienung
صاحب المايدة	7	der Tafeldecker

3*

المطبخ ‎ 8 die Küche

مربط الخاص ‎ 9 Stall für die Pferde des Fürsten

بيت المال ‎ 10 Kriegs-Casse

مجلس العظماء ‎ 11 Sitzungszelt der Grossen

الوزير ‎ 12 der Wezir

اهل الملك وخواصه ‎ 13 Familie und Verwandte des Fürsten

الجمدار ‎ 14 der Spiegelhalter (Kammerdiener)

رأس الخصيان ‎ 15 Oberster der Eunuchen

الخصيان، ‎ 16 die Eunuchen

خزانة الخاص ‎ 17 Garderobe des Fürsten

المسجد ‎ 18 die Moschee

الحرس فرسان ورجالة ‎ 19 Wachen zu Pferde und zu Fuss

صاحب الحرس ‎ 20 Wach-Commandant

الطريق ‎ 21 die Strasse

قايد القلب الاعظم ‎ 22 Commandeur des Haupt-Centrums

اصحاب قيد القلب الاعظم ‎ 23 Gefolge des Commandeur des Hauptcentrum

ابناء الملك ‎ 24 die Prinzen

اتباعهم ‎ 25 ihr Gefolge

قايد رأس الميمنة ‎ 26 Commandeur der Spitze des rechten Flügels

اصحب قايد رأس الميمنة ‎ 27 Gefolge des Commandeur der Spitze des rechten Flügels

بعض الجمهور ‎ 28 ein Theil der Magnaten

صاحب الميمنة ‎ 29 Commandeur des rechten Flügels

اصحاب صاحب الميمنة ‎ 30 Gefolge des Commandeur des rechten Flügels

الجانا ‎ 31 die Wachen

اصبهبد ‎ 32 ein General

الاخوان ‎ 33 die Brüder

الطريق الى العسكر من الميسرة ‎ 34 Hauptweg zur Armee von der linken Seite

عرضه ثلاثون خطوة والطول ما بلغ ‎ 30 Schritt breit und so lang er sein kann

الرصد ‎ 35 die Wächter

اصبهبد ‎ 36 ein General

الاخوان ‎ 37 die Brüder

اصحاب الاصبهبد ‎ 38 Gefolge des Generals

صاحب الساقة	39	Commandeur des Nachtrabes
اصحاب صاحب الساقة	40	Umgebung des Commandeur des Nachtrabes
اتباعهم	41	deren Gefolge
الاطباء	42	die Ärzte
الكحّالين	43	die Augenärzte
الجرائحية	44	die Wundärzte
الفيلة ان كانت	45	die Elephantenwärter, wenn vorhanden
صاحب شراب العامة	46	öffentlicher Restaurant
اصحاب الشرط	47	die Leibwache
الحاجب	48	der Oberst Cammerherr
الموكل بدرب الملك ورفع	49	der dienstthuende Portier des Fürsten,
الاشياء اليه		welcher ihm die Eingaben überreicht
صاحب المظالم	50	der Untersuchungsrichter in Klagsachen
جند الميسرة	51	die Wachen des linken Flügels
قايد راس الميسرة	52	Commandeur der Spitze des linken Flügels
نقصة الطريق	53	Wegkundschafter
الفقهاء والكتاب	54	die Rechtsgelehrten und Notare
المصلى اذا حضر العيد	55	Betplatz beim Herannahen des Festes
الدارجة	56	die Wegemacher
الخدم	57	die Dienerschaft
مقدمى الخصيان	58	Vorsteher der Eunuchen
مرابط العامة	59	gemeinschaftliche Stallungen
امير الحرس	60	Oberst Wach-Commandant
ابناء الملك	61	die Prinzen
القاضى	62	der Câdhi
المحتسب	63	der Polizeidirector
اصحاب الركاب	64	die berittene Leibgarde
البردارية	65	Portiers
اصبهبد اليمن	66	General des rechten Flügels
اصحاب اصبهبد اليمن	67	Gefolge des Generals des rechten Flügels
قايد القلب	68	Commandeur des Centrums
اصحاب قايد القلب	69	Gefolge des Commandeur des Centrums
الطريق الى العسكر من الميمنة	70	Hauptweg zur Armee von der rechten Seite

عرضه ثلاثون خدّوا واطول ما بلغ	30 Schritt breit und so lang er sein kann
اصبهبد 71	ein General
صاحب المصلى 72	der Feldprediger
خزانة السلاح 73	Waffen-Depot
صاحب' المقدم الذى يعلم 74	der oberste Diener, welcher die Leute
الناس الى الملك	bei dem Fürsten eintreten lässt
صاحب الطريق 75	der Wegweiser
الاحرار 76	die Adligen
امير علم 77	Fahnen-Emir
اصحاب الطبل والغرون والبوقات 78	Trommler, Horn- und Zinkenbläser
اصحاب الكوسات 79	die Paukenschläger
الخصيان 80	die Eunuchen
صاحب الميسرة 81	Commandeur des linken Flügels
اصحاب صاحب الميسرة 82	Gefolge des Commandeur des linken Flügels
الدارجة 83	die Wegemacher
نقصة الطريق 84	die Wegkundschafter
الطريق الى العسكر من ورائه 85	Hauptweg zur Armee von der Rückseite
عرضه ثلاثون خطوة والطول ما بلغ	30 Schritt breit und so lang er sein kann
الخندق 86	der Wall und Graben
الرصد 87	die Wächter
مصلحة الرابطة 88	Posten bewaffneter Reiter
الطريق الى العسكر 89	Hauptweg zu den Truppen
عرضه ثلاثون خدّوا والطول ما بلغ	30 Schritt breit und so lang er sein kann
راس الخصيان 90	Oberster der Eunuchen
السوق 91	der Marktplatz
الطباخين 92	die Köche
وبعض السوق 93	und ein Theil des Marktes
لجاة المتصلة لاعانة الميمنة 94	Schutzwache zur Stütze des rechten Flügels
والاتباع	und Gefolge
ميمنة الميمنة 95	rechte Seite des rechten Flügels
قلب الميمنة 96	Centrum des rechten Flügels
ميسرة الميمنة 97	linke Seite des rechten Flügels
قلب القلب 98	Mitte des Centrums

113	110	109	108	107	106	95	94	96
	110	109	108	107	106	96	93	88
	110	109	108	107	106	97	92	92
112	010	109	108	107	106	98	99	91 / 90 / 87 / 89
	110	109	108	107	106	105	100	85
	010	109	108	107	106	104	101	88 / 85
111	110	109	108	107	106	103	102	83

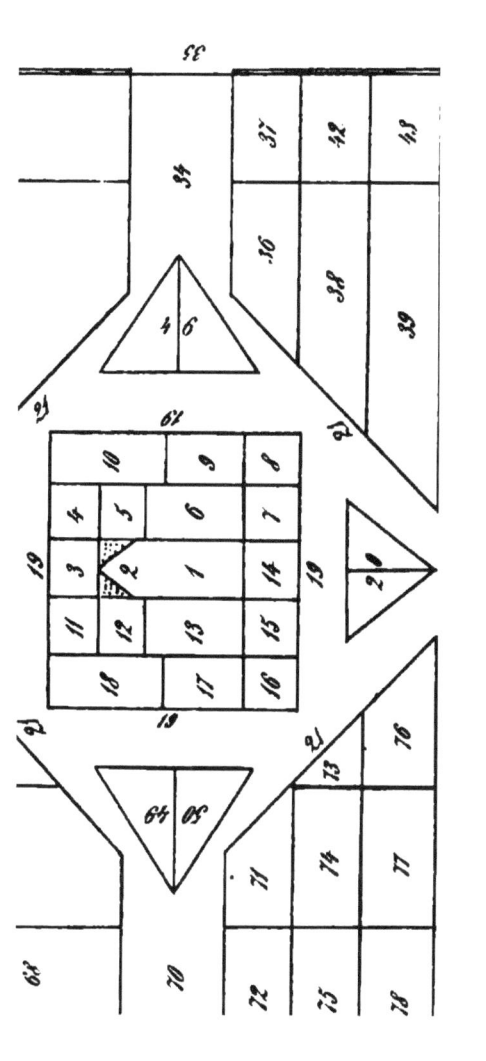

لجأ المتسلمة لاغلة القلب 99 Schutzwache zur Stütze des Centrums

النعم'والدواب والمخاود 100 das kleine und grosse Vieh und die Krippen

الخوادين والاتباع 101 die Hirten und ihre Knechte

لجأ التخسلمة لاغلة الميسرة 102 Schutzwache zur Stütze des linken Flügels

ميسرة الميسرة 103 linke Seite des linken Flügels

قلب الميسرة 104 Centrum des linken Flügels

ميمنة الميسرة 105 rechte Seite des linken Flügels

الرجالة التراسة 106 Schildträger zu Fuss

الرجالة اصحاب السيوف والدرق 107 Fussvolk mit Schwerdt und rundem Schild

الرجالة بالترسة والرماح 108 Fussvolk mit langem Schild und Lanze

رجالة العجل بالسيوف والبور 109 Fussvolk bei den Wagen mit Schwerdt und?

رجالة العطل وقدة العجل 110 Fussvolk ohne Waffen und Wagenführer

لجأ المسلمة لاغلة الميسرة 111 Schutzwache zur Stütze des linken Flügels

وسد خلل راوه   und zur Wiederherstellung einer Unordnung, die sie bemerkt

لجأ المسلمة لاغلة القلب 112 Schutzwache zur Stütze des Centrums und

وسد خلل راره   zur Wiederherstellung einer Unordnung,
die sie bemerkt

لجأ المسلمة لاغلة الميمنة 113 Schutzwache zur Stütze des rechten Flügels

وسد خلل راوه   und zur Wiederherstellung einer Unordnung, die sie bemerkt

Auf die richtige Zeichnung des Planes in Bezug auf die Grössen-
verhältnisse wird man nicht zuviel Gewicht zu legen haben; wollte man
z. B. die unter Nr. 34. 70. 85 u. 89 angegebene Maasse der Hauptwege
von 30 Schritt Breite zu Grunde legen, so würde die ganze Länge des
Lagers höchstens 450 Schritt, die Breite höchstens 280 Schritt betragen,
ein Platz, welcher nur für ein sehr kleines Belagerungscorps ausreichen
würde, zumal da man die Hälfte desselben für die verhältnissmässig geringe Anzahl von Personen in der Umgebung des Fürsten, für die Officiere
und Beamten rechnen muss. In kleinerem Maasstabe und weniger ausführlich sind ähnliche Zeichnungen von Muhammedanischen Lagern aus
Arabischen Handschriften nachgebildet von *Lord Munster* a. a. O. S.
44—46, und S. 61 finden sich dieselben Figuren der Schlachtordnungen,

wie sie in den folgenden Abschnitten vorkommen, ein Beweis mehr für
die Verwandtschaft der beiden Werke. — Einige Ausdrücke weisen auf
den Persischen Ursprung hin. Der Fahnen-Emir (77) gehört hier nur
zu dem Gefolge des Fürsten und hat mit der Belagerung nichts zu thun.
Sein Amt war, den zu Statthaltern in den Provinzen ernannten Personen als Zeichen der ihnen übertragenen Würde und Macht von Seiten
des Sultans eine Fahne zu überbringen. Vergl. *Meninski* Lexic. s. v. امير.

التعليم التاسع

فى تعبية الامير الصفوف فى القتال

Neunte Unterweisung.

Die Aufstellung des Feldherrn zur Schlachtordnung.

Gott spricht (Sure 61, 4): Siehe, Gott liebt diejenigen, welche für
seine Sache in Schlachtordnung kämpfen, als wären sie ein fest zusam-
mengefügtes Gebäude. Und Gott spricht (Sure 3, 117): Und sieh' da,
du gingest frühmorgens von deiner Familie, um den Gläubigen einen
Platz zum Kampfe zu bereiten. Useid überliefert von dem Propheten:
am Tage von Badr, als wir uns geordnet hatten, und sie sich gegen uns
ordneten, sprach er: wenn sie euch nahe kommen, dann gebraucht eure
Pfeile. Dies ist eine wahre Überlieferung, der Ausdruck اكثبوكم bedeutet
قربوكم sie kommen euch nahe, الكثب ist القرب die Nähe, er meinte: schiesst
nach ihnen, wenn sie euch nahe sind, aber schiesst nicht nach ihnen
aus der Entfernung. Nach einer anderen Version heisst es in dieser
Tradition: wenn sie sich um euch schaaren, اشهوكم in der Bedeutung
von اكثروكم wenn sie in grosser Zahl zu euch anrücken, dann schiesst
auf sie, aber zieht nicht ليلكم eure kurzen Pfeile; oder nach anderen:
wenn sie euch nahe kommen, so schiesst auf sie, aber zieht nicht die
Schwerdter, bis sie an euch herangekommen sind. نبل *Nabl* sind die
Arabischen سهام *Sihâm* (kurzen) Pfeile, sie sind zierlich und nicht so
lang, wie die übrigen نشاب *Nuschschâb*-Pfeile, und die خشبان *Husbân*-

Pfeile sind noch kleiner als die Nabl und werden von grossen Bogen mit der Armbrust الجار geschossen, als *nom. unit.* حسبانة *Husbâna.*

el-Muleihî überliefert nach seinen Gewährsmännern von el-Barâ ben 'Âzib [1]: Der Prophet stellte am Tage von Ohod an die Spitze eines Corps Fussgänger von funfzig Mann den Abdallah ben Gubeir und sprach: Wenn ihr seht, dass die Vögel uns wegholen, so weichet nicht von diesem eurem Platze, bis ich zu euch schicke, und wenn ihr sehet, dass wir die Leute in die Flucht schlagen, und unter die Füsse treten, so weichet nicht, bis ich zu euch schicke. Sie schlugen sie dann in die Flucht und (erzählt el-Barâ) ich habe bei Gott! die Frauen davon laufen sehen, dass man ihre Fussspangen sehen konnte und ihre Beine ihre Kleider in die Höhe hoben. Da sprach Abdallah ben Gubeir zu seinen Begleitern, [welche hinzu eilen wollten]: habt ihr vergessen, was euch der Gottgesandte gesagt hat? Sie erwiederten: Wir wollen gehen und die Leute einholen. Als sie dann hinkamen, wurden ihre Gesichter umgekehrt [sie wurden zur Umkehr gezwungen] und sie wandten sich zur Flucht, und jetzt war der Zeitpunkt, wo der Bote sie zuletzt zu Hülfe rufen wollte, da bei dem Propheten nur noch zwölf Mann zurückgeblieben waren. Während sie nun zuerst von uns geschlagen waren, erlitt der Prophet danach durch die Ungläubigen einen Verlust von 140 seiner Anhänger, von denen die eine Hälfte gefangen genommen, die andere getödtet wurde. Abu Sufjân rief den Leuten dreimal zu: ist Muhammed unter euch? Allein der Prophet verbot ihnen, ihm zu antworten. Dann rief er dreimal: ist (Abu Bekr) Ibn Abu Kuhâfa unter euch? und noch dreimal: ist (Omar) Ibn el-Chattâb unter euch? Hierauf kehrte er zu seinen Leuten zurück und sprach: diese sind bereits getödtet. Da konnte Omar nicht länger sich selbst beherrschen und rief: bei Gott! du lügst, o Feind Gottes! die du da hergezählt hast, sind alle noch am Leben, und dir ist noch vorbehalten, was dich verderben soll. Er erwiederte [2]: ein Tag (bei Ohod) gegen den anderen

---

1) Vergl. *el-Bokhârî* traditions Mahométanes par *Krehl.* Vol. III. pag. 78.
2) Vergl. *Ibn Hischâm,* Leben Muhammeds. S. 582.

4 *

(bei Badr), das Kriegsglück ist veränderlich; dann sprach er in Reimen: erhebe dich, Hubal! Jetzt sprach der Prophet: wollt ihr ihm nicht antworten? sie entgegneten: was sollen wir sagen? Er sprach: rufet: Allah ist der höchste und gepriesenste. Jener erwiederte: Wir haben die Göttin 'Uzzá, ihr habt keine 'Uzzá. Der Prophet fragte abermals: Wollt ihr ihm nicht antworten? — Sie: was sollen wir sagen? — Er: rufet: Allah ist unser Herr, ihr habt keinen Herren. — Dies ist eine wahre Überlieferung.

Ibn Ishák erzählt in den „Feldzügen" [1]), dass der Prophet am Tage von Ohod den Berg, nämlich den Ohod, in seinen Rücken genommen habe, dann sprach er: kämpfet nicht eher, bis wir euch den Befehl dazu geben. Der Gottgesandte, welcher 700 Mann bei sich hatte, stellte diese in Schlachtordnung und berief an die Spitze der Bogenschützen den Abdallah ben Gubeir, welcher an dem Tage mit einem weissen Überwurf bekleidet war; die Zahl der Schützen betrug funfzig. Dann sprach zu ihm der Gottgesandte: halte von uns die Reiter durch Pfeile ab, damit sie nicht von hinten über uns kommen, mag das Treffen sich für oder gegen uns wenden, so bleibe fest auf deinem Posten, damit wir nicht von deiner Seite angegriffen werden. Als nun die Ungläubigen sich zur Flucht wandten, eilten die Bogenschützen den Truppen nach, um an der Plünderung Theil zu nehmen, dadurch gaben sie den Rücken dem Angriffe der Reiterei preis, welche sie nun von hinten überfiel.

Im Kriege muss man wachsam, umsichtig, listig und trügerisch sein; Gott spricht (Sure 3, 47): Sie (die Juden) waren listig, aber auch Gott war listig und Gott ist unter den Listigen der beste. Nach einer Überlieferung des Gábir ben Abdallah hat der Gottgesandte gesagt: der Krieg ist ein خدعة Betrug; dies ist eine sichere Überlieferung, welche Muslim unter seine Seltenheiten aufgenommen hat [2]). Das Wort خدعة kann auf dreierlei Weise ausgesprochen werden: erstens خَدعة als *Nomen vicis*, dann bedeutet es nach el-Chattábí, dass der Krieg so (ein einmaliger Be-

---

1) Vergl. *Ibn Hischám* pag. 560.
2) *Muslim*, Corpus tradit. ed. Calcutt. Tom. II. pag. 142; auch *Bochári*, par *Krehl.* Vol. II. pag. 254.

trug) ist, wenn damit das Morden der Leute beendigt und nicht zum
zweiten Male wiederholt wird, in dem Sinne: die Sache wird mit einem
Male entschieden; zweitens خَدْعَة ein Betrug als Nomen von خلّع, wie
man sagt لَعِبَة ein Spiel; drittens خَدْعَة Täuschung in dem Sinne, dass
der Krieg die Leute täuscht, Erwartungen in ihnen rege macht und sie
nicht erfüllt. List und Trug sind übrigens im Kriege gegen die Ungläubigen erlaubt, wenn sie auch in anderen Fällen unerlaubt sind.

Fussvolk und Reiter im Kriege zur Schlacht zu ordnen ist eine
alte Sitte der Fürsten und Gewohnheit der kämpfenden Parteien, nur
sind sie über das Wie? der Aufstellung verschiedener Meinung, je nachdem sich die Ansicht jedes einzelnen Fürsten oder Feldherrn darüber
entschied und auch die Anhänger des Islam und des Glaubens an die
Liebe Gottes zu ihnen unterscheiden sich durch die Art ihrer Schlachtordnung. Gott spricht (Sure 61, 4): Siehe, Gott liebt diejenigen, welche
für seine Sache in Schlachtordnung kämpfen, als wären sie ein fest zu-
sammengefügtes Gebäude. Sie erlangen diese Auszeichnung, wenn sie
die Schlachtordnung gut machen, wie sie kein anderer hat, und sie
haben die rechte Weise. Gott spricht (29, 69): Und diejenigen, welche
für uns kämpfen, werden wir unsere Wege führen. Ihnen ist die Ver-
heissung des Sieges gegeben, Gott wird ihnen den Sieg verleihen. Gott
spricht auch (Sure 22, 41): Gott wird dem zum Siege helfen, der ihm
hilft.

Chálid ben el-Wálid war in der Aufstellung zur Schlachtordnung
erfahren und dabei umsichtig; es wird erzählt, dass er niemals eine
Schlacht geordnet habe, ohne Sieger zu sein, und in der Chronik von
Syrien ist seine Art der Anordnung angegeben. — Wenn nun die Schlacht
und der Kampf sich naht und das Niederstrecken der Streiter beginnt
und die Helden gegen einander stürmen, dann geht mancher aus sich
heraus, er fühlt sich dadurch beengt, dass er einem anderen gehorchen
soll und möchte sich in Überhebung dessen Befehlen und Verboten ent-
ziehen, allein wenn der im Range und Commando über ihm stehende
befiehlt, so wird er dessen Befehle willig folgen. Die Griechen be-
sassen in dieser Beziehung eine bewundernswürdige Selbstbeherrschung

4 *

bei der Ordnung ihrer Glieder und Corps und in dieser Eigenschaft lag neben ihrer Tapferkeit eine bedeutende Macht. Die Perser haben in ihren Kämpfen mit den Türken sehr ausgedehnte Aufstellungen gemacht, wie es in ihren Chroniken berichtet wird. Der Krieg ist eine gegenseitige Jagd und der Jäger muss nothwendig List anwenden, bis die Jagd beendigt ist. Wir wollen nun durch Figuren der Reihe nach die verschiedenen Schlachtordnungen beschreiben, welche die erfahrenen früheren und die Islamitischen Herrscher angewandt haben.

Der Herrscher muss sich des Rathes der älteren Emire und des Armee-Commandeurs in Angelegenheiten des Krieges bedienen, wie Gott spricht (Sure 3, 153): und frage sie um Rath in den Angelegenheiten. *Ibn Ishák* erzählt in den „Feldzügen"[1]): Als der Gottgesandte von Wâdil-Çafrâ aufbrach und hörte, dass die Kureisch gegen ihn im Anmarsch seien, fragte er seine Leute um Rath und zuerst redete Abu Bekr sehr schön, darauf folgte Omar und redete ebenfalls sehr gut, dann erhob sich el-Mikdâd ben Amr und sprach: O Gesandter Gottes! gehe wohin dir befohlen ist, und wir werden mit dir sein; wir werden nicht sagen wie die Kinder Israels: gehe du und dein Herr und kämpfet, wir werden hier stehen bleiben; sondern: gehe du und dein Herr und kämpfet, wir werden in Gemeinschaft mit euch beiden kämpfen. Bei dem, welcher dich in Wahrheit gesandt hat, wenn du mit uns nach Birk el-Gimâd [2]) ziehen wolltest, wir würden dahin an deiner Seite fechten, bis du es erreichtest. Der Gottgesandte erwiederte ihm: wohl gesprochen! und er segnete ihn. Dann wandte er sich um und sprach: gebt auch ihr mir euren Rath; er meinte die Ançâr [3]), weil ihrer eine bedeutende Anzahl war; da sagte Sa'd ben Mu'âds: es scheint, o Gottgesandter, als wenn du uns meintest. Allerdings, erwiederte er, und Sa'd fuhr fort: Wir haben an dich geglaubt und dich für wahrhaftig gehalten und bekannt, dass das, was du uns

---

1) Vergl. *Ibn Hischâm* pag. 434 auf dem Zuge nach Badr.
2) Vergl. *Jâcût* Bd. 1. S. 589.
3) Die mit ihm nach Medina geflüchteten Mekkaner.

gelehrt hast, die Wahrheit sei; wir haben dir dafür den Schwur geleistet
und bekräftigt, dass wir hören und gehorchen wollen. So gehe nun,
o Gottgesandter, wohin dir befohlen ist, wir werden mit dir sein; bei
dem, der dich in Wahrheit gesandt hat, wenn du mit uns dieses Meer
überschreiten wolltest, wir würden uns mit dir hineinstürzen, nicht einer
von uns würde zurückbleiben; wir haben nichts dagegen, dass du morgen
mit uns unseren Feind treffen willst, wir sind gewiss standhaft im Kriege,
zuverlässig im Kampfe, vielleicht wird Gott dir an uns zeigen, was dein
Auge erfreut; so ziehe denn mit uns unter Gottes Segen. Der Gottgesandte freute sich über die Rede des Sa'd und wurde sehr lebhaft in
seinen Worten, dann sprach er: auf! verkündet frohe Botschaft, denn
Gott hat mir eine von beiden Abtheilungen[1]) versprochen; bei Gott! es
ist mir, als wenn ich jetzt schon die Leute hingestreckt sähe. Omar
sprach: bei dem, in dessen Hand mein Leben ist, sie werden nicht ver-
fehlen, sie hinzustrecken.

Die früheren Herrscher hatten verschiedene Arten, in denen sie
die Schlachtordnung aufstellten, denn darin bestand die grösste Kunst
der Kriegführung, und wir wollen jetzt damit beginnen, was die früheren
über die Aufstellung der Armee gesagt haben, ohne etwas zu ihren
Worten hinzuzusetzen, oder davon wegzulassen; der Einsichtige, welcher
für die Verhältnisse des Krieges ein Verständniss hat, wird, wenn er
dieses Buch liest und überdenkt, die darin befindlichen Pläne benutzen
und andere Dinge davon auswählen, je nachdem es die Schlachtfelder
für ihn erforderlich machen oder wie es nach seinem Belieben der Lage,
in welcher er sich befindet, angemessen ist. Gelobt sei Gott, welcher
uns lehrt, was wir nicht wissen; ihm sei Lob und Dank dafür!

Erster Theil.

Über die Schlachtordnung, mit sieben Figuren.

Einer der früheren Schriftsteller sagt bei der Beschreibung der

---

1) D. i. entweder die Caravane der Mekkaner, die er aber verfehlte, oder die
zu deren Schutz ausgezogenen Mekkaner, welche er bei Badr schlug.

Schlachtordnungen, dass er für jede Ordnung einen besonderen Abschnitt
gemacht habe mit ihrer Abbildung und der Aufstellung ihrer Mannschaften. Von diesen zeigt die erste die Gestalt einer Mondsichel und
dies ist die vorzüglichste aller Aufstellungen nach dem Urtheile der älteren Persischen Könige. Hiervon giebt es zwei Formen, die eine die
ausgedehnte mondsichelförmige, welche auch die Schutzwehr oder die
sichelförmige spitzige genannt wird, und dies ist diejenige mondsichelförmige, in welcher die beiden Bogen auf beiden Seiten zusammentreffen
und die beiden Rückseiten zwei convexe Winkel bilden nach der Figur
des Mondes, etwa in dieser Form

Die zweite Form ist diejenige, in welcher jeder Bogen von den
beiden Reihen der beiden Seiten und der Rückseite zwei abgetrennte
Enden hat und die beiden Enden des grossen Bogens über den kleinen
um etwa den vierten Theil dessen herausgehen, was zwischen den beiden
Enden des kleinen Bogen liegt. Die Figur ist in dieser Form

Welche von beiden Aufstellungen nun auch für die Armee nöthig
sein sollte, so muss, wenn sie nicht zahlreich ist, die Anzahl der Glieder
in ihrer Mitte am grössten sein, das Commando der spitzigen, ausge-
dehnten Flügel muss den besten und umsichtigsten Officieren übertragen
werden, welche mit der grössten Ausdauer die grösste Festigkeit, Muth
und Tapferkeit verbinden. Zwischen ihnen und zwischen den beiden
als Hinterhalt aufgestellten Corps muss bis an die Seite der Rundung
eine Entfernung von etwa einer viertel Meile[1]) sein und bis an die
Gränze der Linie des Feindes eine Entfernung von einer Meile; zwischen
diesem Hinterhalt und seinen Pfeilschützen, welche nach der Seite des
Feindes zu voranstehen, ist eine Entfernung von einer halben Meile.
Der Bogen der Mondsichel, welchen die die Hälfte der Armee aus-
machenden Glieder einnehmen, hat eine Ausdehnung von anderthalb
bis zwei Meilen; zwischen dem Centrum seines Bogens und der Mitte
seiner Sehne ist etwa eine viertel Meile oder mehr, je nachdem die Armee
im Stande ist den Bogen zu machen und sich nach beiden Seiten auszudehnen. Zwischen der Gränze seiner Sehne und zwischen dem Platz
der ihr zunächst stehenden mittleren Vorhut ist eine Entfernung von einer
Meile und zwischen dieser und zwischen der ersten Vorhut eine Entfernung
von einer halben Meile. Der Tummelplatz der Reiterei für die vorderen
Glieder ist zwischen der Mitte seines Bogens und der Gränze seiner Sehne.
In dieser Ordnung sind die Glieder der Armee zum Vormarsch aufgestellt
in einer Weise, dass an dieser Ordnung, wie sie einmal ist, nichts geändert wird und wenn sie mit dem Feinde in dieser Aufstellung zu-
sammenstossen, so bleibt die Mannschaft des Centrums fest auf seinen
Plätzen stehen, ohne sich davon zu entfernen, dagegen die Mannschaft
des rechten und linken Corps rückt ganz allmälig vor und die äussersten
Enden der beiden Flügel gehen etwas rascher vor, als die ihnen zunächst
stehenden; z. B. wenn die Mannschaft des rechten und linken Corps
einen Schritt vorgeht, so geht die Mannschaft der spitzen Flügel zwei
Schritt vor, was in der Wendung nach Innen einen Raum von andert-

---

1) Eine Arabische Meile wird einer Englischen etwa gleich gerechnet.

halb Fuss nach Innen beträgt. Dies geschieht in verhältnissmässiger und gleichmässiger Weise, bis dass, wenn das Hauptcorps mit einem Theile seiner Seiten zusammentrifft, Halt gemacht wird, wobei die Vorposten auf den Seiten sich mit den Officieren der äussersten Enden der Flügel vereinigen. Die Mannschaft des Centrums geht nicht einen Schritt vor, ausser wenn ein Rückzug der feindlichen Armee bemerklich wird, dann rückt sie langsam ein wenig vor und zwar halb soviel, als die Mannschaft des rechten und linken Corps vorrückt; das Stehenbleiben ist für sie besser, so lange die Schlacht noch im Schwanken ist, sei es dass man auf eine Umkehr gefasst sein oder einen Hinterhalt befürchten müsste und sie hört nicht auf, geduldig und fest Stand zu halten. Die Mannschaften der beiden Flügel rücken nach und nach ein wenig vor, so weit es ihnen möglich ist, ohne dass ihr Vorgehen auffallend bemerkt wird, bis es damit soweit gekommen ist, dass sie mit dem Hauptcorps und durch die Verbindung mit der Mannschaft des Hinterhalts den Ring um den Feind schliessen können und der Feind in ihre Mitte zu stehen kommt. Wenn sie etwas von dem, was ich erwähnt habe, versäumen, so wird ihre Ordnung verdorben und ihre Glieder bekommen eine andere Richtung, als sie vorher bestimmt hatten. Zuweilen wird die Anordnung so sehr verändert und verschlimmert, dass der Armee-Commandeur darüber besorgt wird und selbst die Runde bei ihnen macht, um ihre Vorgesetzten anzuweisen, wie sie mit je einem oder mit je zwei Schritten vorgehen sollen, er zeigt ihnen dies, treibt sie dazu an und ermuthigt sie fest zu stehen und auf ihren Plätzen auszuharren. Es ist mir bekannt geworden, dass el-Malik el-Dhâhir, als die Tataren sich in Schlachtordnung gestellt hatten, bei seinem Vordringen gegen Câsarea nach diesem Muster seine Truppen geführt habe, bis er jene in einen Ring fasste und ihnen die berühmte Niederlage beibrachte, welche in den Annalen erwähnt wird und wie man nichts ähnliches gehört hat. Hierzu wird sich jeder tapfere, kühne, verwegene Held entschliessen, welcher den Tod nicht fürchtet, sondern sein Leben an Gott verkauft, wie Gott spricht (Sure 9, 112): siehe, Gott kauft von den Gläubigen ihre Habe und ihre Seele u. s. w.; denn er ist bemüht, zu dieser Art der Schlacht-

ordnung die Anleitung zu geben, weil in ihr das Princip der Überlistung
im Kriege und die Kunst den Feind Gottes zu fassen und über ihn zu
siegen enthalten ist.

Die dritte Form. Diese Form hat eine hohe Bedeutung und
gewährt einen grossen Nutzen; die Perser haben sie angewandt und die
Sicilianer haben sie bei ihren Schlachtordnungen nie verlassen und damit
ihre Absicht erreicht. Bei dieser Aufstellung muss die Länge ebenso
sein als die Tiefe, z. B. wenn die Länge zwei Meilen ist, muss die Tiefe
eine Meile sein, wie diese Figur[1])

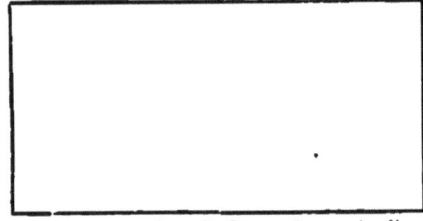

Er[2]) will damit sagen, dass die Länge der zweimaligen Tiefe gleich
sein muss, ungeachtet er sie quadratisch nennt, und dies ist eine von
den Figuren des Euklides, welche quadratisch mit rechten Winkeln und
verschiedenen Seiten genannt wird. Man bestimmt also ihre Tiefe bei
der Aufstellung der Reiterei, dann muss nach der Zahl der Glieder in
der Länge die Aufstellung für die Pferde in der Tiefe halb so gross
werden, als ihre Aufstellung in der Länge, und wenn in dieser Weise
richtig verfahren wird, so kommt bei der genauen Richtung der Glieder
die quadratische Figur heraus durch die Gleichmässigkeit in ihrer Auf-
bauung. Dieser Anordnung kann die Aufstellung des Feindes nur dann
schaden, wenn diese sichelförmig und die Reihe des Feindes weiter ausgedehnt ist, alsdann muss ein umsichtiger Feldherr der Mannschaft des

_____

1) Der Arabische Text reicht hier bis unten auf die Seite und deshalb sind
die Worte hinzugesetzt „auf der folgenden Seite", hier fehlt aber die Figur und der
Text führt in der obersten Zeile fort.

2) d. i. der hier benutzte Autor; vergl. *Aelianus* Taktik, Cap. 18.

obersten Hinterhaltes den Befehl geben, über die äusserste Länge der Reihe soweit vorzugehen, dass er der Flügelspitze der feindlichen Armeereihe gleich kommt, was ungefähr eine halbe oder eine viertel Meile betragen kann und gewöhnlich wird diese Entfernung nicht überschritten, so dass es nöthig würde, sie auf eine Meile auszudehnen, mit Beziehung darauf, was wir als feststehend angenommen haben, dass die Ausdehnung eines der beiden Heere zwei Meilen betrage; dann findet die Erweiterung in gleicher Weise nach beiden Seiten statt. Ist dieses in einigen Fällen besonders angezeigt, so muss der Heerführer die Hinterhalte der Flanken in drei, vier oder fünf Theile theilen, je nachdem es die Umstände erforderlich machen, und wenn es noch mehr als diese sein müssten, so wird er die Anordnung treffen, und wenn es nöthig sein sollte, die Hälfte der Armee als Hinterhalte aufzustellen, so wird er es thun und sich dadurch den Rücken decken. Zu diesem Zweck stellt er den ersten Hinterhalt, welcher seiner Armee am nächsten ist, von dieser in gerader Richtung auf die Länge von einer viertel Meile auf und weiter nach vorn auf eine halbe Meile. Der zweite Hinterhalt, welcher in der Nähe jenes ist, entfernt sich von ihm nach rechts hin auf eine weitere viertel Meile und Abtheilungen davon gehen noch weiter nach vorn vor bis auf eine halbe Meile oder noch mehr, wenn dies von jeder Seite geschehen kann. So wird ein vollständiger Schutz für diese Aufstellung erreicht, seine Officiere mit seinen Fahnen bilden ringsherum einen Kreis, wie wir es beschrieben haben und in der Mitte des Centrums bleibt ein freier Platz wie die Hälfte eines kleinen Bogens, wo der Heerführer sich befindet, um die Truppen zum Kampf anzufeuern, und wo der Fürst einen Ausblick hat, um die Lage der Truppen übersehen zu können, vor sich einen grossen Theil der kostbaren Gewänder, der Kriegskasse, der Pferde u. d. gl., in einiger Entfernung der Heerführer in der Mitten der Truppen bei der Theilung des Centrums, ohne dass zwischen ihm und dem Heerführer, welcher in dem Centrum des Bogens steht, Jemand hindernd im Wege steht, so dass er Zeuge ist von der Besorgniss bei den einen und dem Verlangen nach dem Gebet bei den anderen u. s. w. Zuweilen geht der Fürst vor, bis dass er die Lage des Heeres beobachten kann und sich in die Mitte des Bogens stellt, um dadurch den Muth der

Mannschaft in den Gliedern auf beiden Seiten und der nächsten in den
darauf folgenden Gliedern zu stärken, zuweilen redet er sie auch selbst
an, flösst ihnen Muth ein und verspricht ihnen von Gott die Belohnungen
in jenem Leben und von sich jährliche kostbare Geschenke und schickt ihnen ein Corps nach dem anderen, einen Trupp nach dem andern zur Hülfe;
und wenn einer der Hinterhalte zu schwach ist, schickt er ihnen Ver-
stärkung, ohne dass sie ihren Platz verlassen. Die Unterstützung der
Hinterhalte und anderes gehört zu den Veränderungen der Neuzeit, wodurch der Muth der Truppen gestärkt und, wenn sie es von dem Fürsten
selber hören, ihre Kraft gefestigt wird.

Die vierte Form der Schlachtordnung. Zu den Aufstellungen,
welche im Kriege gemacht werden, gehört auch diese Ordnung, weil sie
wegen ihrer Vortrefflichkeit, wegen der Deckung, welche sie gewährt
und wegen ihrer kräftigen Wirkung mit dem Namen الصَّف الدُّبَّاب *el-çaff
el-dubbâbî* „die verdeckte Ordnung [1]“ bezeichnet wird. Ihre Tiefe richtet
sich gewöhnlich nach der Stärke der Nachhut zu beiden Seiten, und die
Nachhut nach der Länge der beiden Flügel, und es wird damit eine
Täuschung beabsichtigt, zuweilen um die Stärke des Feindes abzuschätzen,
zuweilen um die Stärke des eigenen Centrums gering erscheinen zu
lassen, zuweilen zu anderen Zwecken. Ein Bild davon giebt diese Figur

---

1) Diese Bedeutung scheint der später wiederkehrende Ausdruck *dabbâbî* zu
haben, eigentlich „heranschleichend und nach und nach sich entwickelnd"; vergl.
Lord Munster S. ٦٠; man findet zwar auch الدُّباب *el-dsubâbî* geschrieben, was man
durch „scharf, schneidig" wie die Schärfe des Schwerdtes دُبَّ erklären könnte, aber
nicht so passend.

Diese Ordnung gewährt eine vollkommene Deckung, besonders wenn dabei der Zugang zu einer der Hauptstrassen gegen den Feind eingenommen wird. Das Verfahren dabei ist dieses, dass die vorderen Hinterhalte grösser sind als die ersten Linien, und der erste Hinterhalt muss auf einer von beiden Seiten von dem äussersten Ende derselben in der Entfernung von einer halben Meile vorgehen und nach vorne eine halbe Meile vormarschiren und wird dabei dadurch unterstützt, dass ein anderer der Hinterhalte seinen Platz wieder ausfüllt, und so fort bis in die letzte Reihe auf beiden Seiten. Der Zweck bei dieser Anordnung ist, nicht merken zu lassen, wie oft die Hinterhalte vorgeschoben werden können, und wenn die Hinterhalte in dieser Weise nach der Zahl der Glieder zweimal aufgestellt würden, so dass sie zwei Drittel ausmachten, so würde dies zulässig oder von besonders grossem Nutzen sein. Diese Form nähert sich in ihrer Anordnung der umgekehrten sichelförmigen Aufstellung in ihrem Aufbau.

Die fünfte Form der Schlachtordnung hat die Form eines Rhombus und die Aufstellung ist länglich gleichseitig. Diese Aufstellung hat eine geringe Tiefe bei ausreichender Länge, sie ist die leichteste Art in der Anordnung, bei einer Verwirrung und Störung am wenigsten einer Veränderung ausgesetzt, wird in unserer Zeit am häufigsten angewandt, erfordert am wenigsten eine grosse Geschicklichkeit und Erfahrung in der Zusammensetzung, und die Herstellung erfolgt durch einen augenblicklichen Befehl an die Gesammtheit. Die Figur ist diese

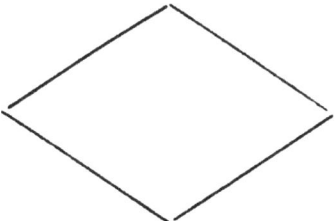

Diese Aufstellung hat einen grossen Nutzen, um den Feind bei
der Ausdehnung ihrer Länge und ihrer Bauart durch die grosse Zahl
in Furcht zu setzen und obendrein erfordert sie weniger Hinterhalte
als eine andere, und wenn diese doch in grösserer Menge vorhanden
sind, so ist das Richtige, dieselben in drei Theile zu theilen, so dass
ein Drittel an vier Stellen den Vortrab bildet, das zweite Drittel auf
den beiden Flügeln der Mitte der Armee an zwei Stellen steht und das
übrige Drittel hinter der Rückseite an drei Stellen, auf der Spitze der
Rückseite und auf der Mitte derselben. Wenn es für gut gehalten
wird, dass der ganze Hinterhalt aus dem dritten Theile der ganzen
Armee bestehen soll, so ist dies angemessen; wenn er so weit verringert
werden soll, dass er aus dem vierten Theil der Armee besteht, so mag
dies noch passend sein, aber nicht weniger als dieses. Diese Aufstellung
wird genommen, wenn der Feind in solchem Maasse an Zahl überlegen
ist, dass dadurch unter den Muslimen Muthlosigkeit entsteht, dann
suchen sie sich selbst zu ermuthigen und nehmen diese breite Stellung,
damit durch ihre Ausdehnung ihr Geschrei verstärkt wird und der Feind
desshalb sie fürchtet. Ihre Tiefe darf aber nicht weniger betragen als
drei auf einander folgende Corps. Zuweilen nehmen sie dabei keine
Reiterei hinzu, wenn sie ebensoviel Fussvolk und Leichtbewaffnete bei
sich haben, dann entstehen im Ganzen sechs Glieder für sechs Emire.
Auch wird wohl ungeachtet der Menge und Stärke diese Aufstellung
genommen in zwei Fällen, einmal wenn die Armee den Feind erfasst
bei der Vereinigung der Wege von der linken und rechten Seite durch
ihre Ausdehnung, zweitens richtet sich ihre Ausdehnung zuweilen nach
der Ausdehnung einer Ebene, sodass die beiden äussersten Enden der
Armee nach beiden Seiten an eine unwegsame Fläche oder an den
Fuss eines Berges oder an rauhen Boden hinanreichen, durch deren
Deckung eine grosse Sicherheit erzielt wird.

Die sechste Form der Schlachtordnung. Unter den Aufstellungen
ist eine, welche die langgestreckte genannt wird und deren Länge viel
geringer ist als die Tiefe; z. B. wenn das Maass einer Aufstellung nach
beiden Seiten eine Meile beträgt, so beträgt die Tiefe sechs Meilen und

darüber. Das Centrum einer solchen Aufstellung ist unter dem Namen „halber Rhombus" bekannt[1]) und von grossem Nutzen um eine Haupt-

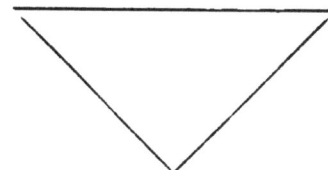

strasse zu bewachen, und wenn die Anzahl der Hinterhalte grösser sein kann als die Hinterhalte des Hauptcorps, so gewährt dies den Mannschaften einen äusserst grossen Nutzen, und ebenso, wenn sie nach der Seite des Feindes hin eine grössere Anzahl aufstellen wollen, z. B. dass drei Viertel derselben nach der Seite des Feindes stehen und das übrige Viertel als Hülfshinterhalte in fünf Theile getheilt, davon einer zur Rechten, der andere zur Linken, zwei an den beiden Winkeln der Rückseite und der fünfte gegenüber dem Commandeur der Rückseite in der Mitte. Der Vormarsch des ersten Hinterhaltes auf jeder Seite dieser Armee geschieht von der Stelle aus, die dem Feinde zunächst ist, und so fort der Frontseite entlang in Entfernung einer Meile und marschirt ihr voran in Entfernung einer Meile auf gleiche Weise, bis die Hinterhalte über die beiden Enden der Frontaufstellung der feindlichen Armee hinaus sind. Bei dieser Aufstellung ist kein Unglück zu befürchten, ausser wenn die Soldaten den Muth verlieren, durchbrochen werden und die Flucht ergreifen, denn eine schlechte Ausführung derselben bekommt die Vergeltung und erreicht den Zweck in keiner Weise und die durch die Verwirrung entstehende Veränderung ist für die Gemüthstimmung der Leute sehr nachtheilig, weshalb man bei der Anwendung derselben in solcher Lage sehr vorsichtig sein muss.

Die siebente Form der Schlachtordnung. Eine der Formen

---

1) In dem Arabischen Texte S. 0 ist die Figur umzukehren.

ist die Kreisform, welche manche den Ofen nennen. Diese Aufstellung
wird aus verschiedenen Anlässen gewählt, einmal wenn die Zahl des
Feindes so gross ist, dass sie die der Muslimen mehrfach übersteigt, und
das Schlachtfeld ist weit, so werden sie, wenn sie sich darauf ausbreiten,
indem sie die vorher erwähnten Stellungen annehmen, zerstreut und
ihre Widerstandsfähigkeit wird in den Augen der Feinde gering geachtet
und sie machen Halt um in Geschwindigkeit ihre Anzahl abzuschätzen;
zweitens werden zuweilen die ihren Kundschaftern gegebenen Befehle
schlecht ausgeführt, einige ihrer Hinterhalte vermischen sich mit den
Hinterhalten des Feindes, und ähnliche Fälle, dann ist es nöthig, dass
sie sich von allen Seiten auf einen Angriff gefasst machen und sie stellen
sich in nach dieser Figur in einander verschlungenen Gliedern auf,

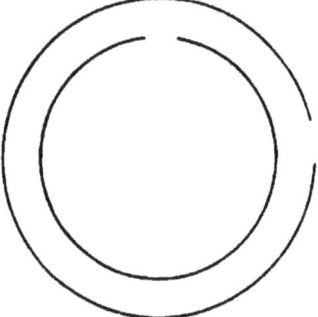

um nach allen Seiten hin gesichert zu sein und die Möglichkeit zu
haben sich gegenseitig zu unterstüzen und den Sieg davon zu tragen.
Diese Aufstellung ist in sich selbst und in den Hinterhalten von allen
die unbedeutendste, schwächste und der Zahl nach geringste, es kommt
aber oft vor, wenn die Truppen der Muslimen sich in Feindes Land wie
in ein Meer hineingewagt haben und die Wogen plötzlich über ihnen
zusammenschlagen, so dass sie mitten darin sind, sie dann kämpfen
und nach allen Seiten hin sich vertheidigen müssen.

Zweiter Theil.

Über die Glieder, ihre Namen und ihre Anzahl nach der Meinung der Alten.

Wir beginnen jetzt mit der Erklärung der Glieder, ihrer Anzahl und ihrer Form.

Nach dem, was *Aelianus* in seinem Buche sagt (Cap. III), *ist das Erste, was nöthig ist,* wenn Jemand sich die Kenntniss *in der Taktik* verschaffen will, *dass er, wenn unter der Mannschaft sich viele Leute befinden, welche noch keinen Begriff von Aufstellung und keinen Sinn für Ordnung haben, unter ihnen eine Auswahl trifft und einen jeden von ihnen an den Platz stellt, für welchen er passend ist,* d. h. in die Glieder, von welchen in den vorangehenden Abschnitten gehandelt ist, *damit sie eine angemessene schöne Form bekommen.* Denn viele von den Soldaten wissen in der Schlacht nicht, wie und wo sie stehen sollen und manche von ihnen haben das 50ste und 60ste Lebensjahr überschritten, aber noch nie eine Schlachtordnung gesehen, und wenn auch manche von ihnen jeden Tag die fünf vorgeschriebenen Gebete verrichten, aber in der Schlacht nicht ordentlich in Reih und Glied zu stehen wissen, was nützt da ihr hohes Alter, wenn sie noch keine Heeresaufstellung gesehen haben. Jedem Vernünftigen und Einsichtigen wird es also nöthig erscheinen, sich die Kenntniss dieser Wissenschaft zu erwerben, damit er die

F

Feinde Gottes bekämpfe nach dem Worte des Propheten: Wer stirbt
und nicht von selbst das Verlangen nach dem Kampfe hat, der stirbt
an einer Art von Heuchelei. So ist von den beiden Scheichen[1]) in ihren Traditionssammlungen überliefert, weil ein solcher seinen Sold ver-
zehrt, den er zu seinem Unterhalt bekommt, um sich dafür den Muslimen nützlich zu machen, aber nicht um den Contract zu brechen, der
auf dem Blatt in der Armeeliste über ihn niedergeschrieben ist, und er
soll seinen Sold nicht auf eine Weise verzehren, welche noch mehr verboten ist als das Fleisch von gefallenen Thieren und von Schweinen.
Die Erlernung der Taktik gehört nun zu den Dingen, welche den Muslimen von grösstem Nutzen sind und sie muss erlernt werden, damit
man sie beim Ausbruche des Krieges kennt.

*Nämlich die Ordnung des Heeres ist für den Aufbruch, für den Marsch
und für das Zusammentreffen mit dem Feinde sehr wichtig* zur Erlangung
des Sieges *und wir finden* in den Geschichtsbüchern, *dass grosse Heere
von kleinen Heeren* mit Gottes Willen *besiegt* und in die Flucht geschlagen *sind wegen der schlechten Ordnung jener und der guten Ordnung dieser,*
wie Gott spricht (Sure 2, 250): wie oft hat ein kleines Heer ein grosses
besiegt mit Gottes Willen und Gott ist mit den Standhaften; und wie
es in einer oben angeführten Tradition vorkommt, und wie Châlid ben
el-Walîd bei Mûta die Schlacht ordnete, wo 100000 Griechen standen,
welche noch von 100000 Christlichen Arabern unterstützt wurden, während die Muslim nur 3 bis 4000 Mann stark waren, denen die Ungläubigen nichts anhaben konnten, nachdem Châlid die Truppen geordnet
hatte, so dass der Prophet die (oben angeführten) Worte sprach.

Nach dem, wie Aeneas die Taktik definirt hat, so ist sie die Kennt-

---

1) So werden bekanntlich Bochârî und Muslim genannt. Indess nach einer
Benachrichtigung des Herrn Prof. *Krehl* kommt eine solche Stelle bei Bochârî nicht
vor, wohl aber bei *Muslim*, Bulaker Ausg. IV. S. 314, Calcuttaer Ausg. II, S. 236,
und in dem Commentar *Mubârik el-azhâr* des Ibn Mâlik zu dem Traditionsverzeich-
nisse des Sagânî ist die Erklärung: wer auf diese Weise stirbt, der gleicht den
Heuchlern, welche sich von dem heiligen Kampfe zurückziehen.

niss der militärischen Bewegungen [1]); was Polybius betrifft, so behauptet er, ihre Definition sei, „eine Masse von Soldaten zusammen zu fassen, sie abzutheilen, ihre Glieder zu ordnen und sie zu unterweisen, wie sie sich bei der Schwenkung nach rechts und links zu verhalten haben, *bis ihnen dies zur Gewohnheit geworden ist."*

Der Sammler dieses Buches bemerkt hierzu: Was *Polybius* angiebt, das sind die Anfangsgründe, welche die Lehrer aufgestellt haben, damit durch sie dem Krieger die Kenntniss beigebracht werde; dann haben die Lehrer daraus eine Spielerei gemacht und eine Einrichtung um dadurch den Unterhalt zu haben, und nachdem sie dies so eingeführt haben, hat es aufgehört, aufrichtig den Absichten Gottes zu dienen, vielmehr ist es nur des schnöden Gewinnes wegen beibehalten und deshalb vergessen, so dass nur noch wenige eine Kenntniss davon besitzen und diesen wenigen sind die Anfangsgründe unbekannt; denn wenn sie sie kennten und zu Gottes Ehren lehrten, so würden sie gegen die Feinde Gottes aufrichtig unterstützt werden, ohne dass sie von anderen Menschen gegenseitige Hülfe verlangten, und dies wäre eine grosse Wohlthat für den, der es wollte oder verstände, für diese und für jene Welt.

Einer der älteren Schriftsteller macht bemerklich, dass eine Zusammenziehung und Zusammenordnung der Truppen eine unerlässliche Pflicht des Feldherrn und ihm nicht erlaubt sei zu gestatten, dass einer von ihnen aus irgend einem Grunde sich von seiner Compagnie trenne. Ein anderer bemerkt über die geringste Anzahl derselben, ein Theil der früheren Könige sei der Meinung gewesen, die geringste Anzahl, welche unter einen gemeinschaftlichen Namen zusammengefasst werden könne, müsse sechs Mann sein, und sie bewiesen dies damit, dass 6 eine vollkommene Zahl sei, weniger als diese könnten es also nicht sein; (Cap. IV) *andere sagen dagegen, die kleinste Zahl sei 10, noch andere sagen, sie bestehe aus 12 Mann, und einige von ihnen behaupten, es könnten nicht weniger als 16 Mann sein.* Ich selbst bin der Ansicht, dass es 8 sein müs-

---

1) Durch die Verkennung des Namen *Aeneas* ist der Arabische Text 8.11 Z. 7 entstellt und zu lesen واللى خذ به ايناس صناعة التعبيا فهو العلم

sen, denn in unsrer Zeit hat der Eifer in allen Dingen nachgelassen, warum nicht auch hierin? Denn gewöhnlich, wenn man die Rotte zu 16 annimmt, sind darunter 8 streitbare (voll ausgerüstete) Reiter und 8 geringere von den Leichtbewaffneten, welche dahinter aufgestellt sind, welche nur mit kurzen Lanzen, Schleudern, Pfeilen u. dgl. werfen, und hinter ihnen die Trabanten. Jede Abtheilung von diesen heisst λόχος صف Rotte und jede von ihnen hat zwei Führer, der erste heisst Hauptmann der geschlossenen Rotte, der andere in der zweiten Reihe heisst Führer des hinteren Gliedes, und jede von diesen Rotten hat zwei nach dieser Aufstellung.

(Cap. V) *Man hat auch die geschlossene Rotte so definirt, sie sei eine Zusammenordnung von Führern und Anschliessenden, welche sich nach dem Grade ihre Tapferkeit anschliessen.* (Cap. VI) *Die Verbindung bei der Bildung der Reihen geschieht auf die Weise, dass neben der ersten Rotte eine eben solche zweite aufgestellt wird, nämlich neben den Rottführer der ersten Reihe der Rottführer der zweiten Reihe, neben den folgenden Mann in der ersten Reihe der folgende Mann in der zweiten Reihe und nach dieser Weise wird in den Folgenden die Verbindung geordnet, und wenn in dieser Ordnung diese Reihen geordnet werden, so heisst diese Aufstellung die Verbindung bei der Bildung der Reihen oder* φάλαγξ التّفاظر جماعة الصفوف.

(Cap. VII) *Man gebraucht auch die Ausdrücke Stirn (Front), Gesicht, Randeinfassung. verbundene Linie, Mund, Centrum, Herz, Richtung, Vorderglied der geschlossenen Rotte. Was den Theil des geordneten Heeres hinter der Front und dem Gesicht bis an die Stelle der Mannschaft des hintersten Gliedes betrifft, so wird er* βάθος عمق *Tiefe genannt, und wenn das erste Glied und die darauf folgen der Länge nach gerade gerichtet sind, so heisst dies* ζυγεῖν افترانا *verbunden sein, und wenn die Hauptleute der geschlossenen Rotten und die Hauptleute des Hintergliedes reihenweise der Tiefe nach gerade gerichtet sind, so heisst dies* στοιχεῖν تدضُرا *geschlossen sein.*

Die Armee wird in zwei grosse selbständige Theile getheilt von der Front bis zur äussersten Tiefe, einer von diesen beiden Theilen heisst der rechte Flügel oder Kopf, der andere der linke Flügel oder Schwanz; ihre Theilung in der Länge wird Nabel, Mund oder Herz (Centrum) genannt.

Die hinter der Linie der Schwerbewaffneten aufgestellten Fussgänger *heissen* ψιλοὶ خَفِيف *Leichtbewaffnete,* ein einzelner von ihnen خَفِيف, *und diese werden zuweilen auch an anderen Punkten aufgestellt, je nachdem es die Umstände nöthig machen,* und die Bestimmung hierüber hängt von dem Feldherrn ab, und wir werden dies, so Gott will, in der Folge angeben. *Jetzt werde ich über die Anzahl der Schwerbewaffneten, der Leichtbewaffneten und der Reiter handeln, wie viel es sein müssen, wie jedes von diesen Corps geordnet werden muss, je nachdem die Umstände es erfordern, wie, wenn es nöthig ist, die Form der Schlachtordnung mit Schnelligkeit geändert werden kann, und was sonst noch über die Bewegungen jedes einzelnen dieser Corps beschrieben werden muss.*

Ich sage also: (Cap. VIII) *Man kann sich nicht damit begnügen, die Anzahl der Truppen, welche ein Corps enthalten soll, bestimmt festzustellen, der Taktiker muss die Bestimmung hierüber nach dem Verhältniss der Anzahl der Soldaten der ganzen Armee treffen und eine solche Zahl wählen, welche gestattet die Form der Armee, je nachdem die Umstände dazu nöthigen, zu verändern, d. h. wenn er die Länge der Linie verdoppeln will,* so dass sie zweimal so lang wird, als sie war, oder um mehrere Male erweitern, *oder wenn er von der Länge etwas abziehen will,* die Anzahl, welche er ordnet, muss hierzu geeignet sein. *Aus diesem Grunde haben schon die Älteren eine Zahl gewählt, welche es gestattet, sie immer in zwei Hälften zu theilen, bis sie zur Einheit kommt. Aus dieser Ursache haben die meisten, welche etwas über Taktik geschrieben haben, die Zahl der Schwerbewaffneten zu* 16384 *angenommen, die Linie der Leichtbewaffneten zur Hälfte von dieser Zahl und die Linie der Reiter zur Hälfte der Linie der Leichtbewaffneten, weil nämlich diese Zahl sich immer in zwei Theile theilen lässt, bis man zur Einheit kommt. Diese Zahl ist nur gewählt, um als Norm und Beispiel zu dienen, weil, da wir die geschlossene Rotte zu* 16 *Mann angenommen haben, in dieser Zahl* 1024 *geschlossene Rotten vorhanden sein müssen. Diese Rotten werden in verschiedene Arten getheilt, deren jede ihren besonderen Namen hat,* wie folgt.

Über die Namen. Je sechzehn Mann heissen eine Rotte. (Cap. IX) *je zwei Reihen von diesen geschlossenen Rotten heissen* διλοχία خمسة

eine Schaar, die Anzahl der Leute darin beträgt 32 Mann und der Vorgesetzte derselben heisst Schaarführer; je vier geschlossene Rotten heissen τετραρχία مقنب *eine Section, der, welcher an ihrer Spitze steht, wird Sectionsführer genannt und die Anzahl der Leute darin beträgt 64 Mann. Je zwei Sectionen heissen* τάξις كردوس *ein Zug, die Anzahl der Leute darin besteht aus 128 Mann oder aus 8 geschlossenen Rotten und der Vorgesetzte derselben heisst* ἑκατοντάρχης المأبة *Centurio oder er wird* ταξιάρχης رئيس الفردوس *Hauptmann des Zuges genannt. Je zwei Züge heissen* σύνταγμα حفل *oder auch* فيثة *eine Compagnie, die Anzahl der geschlossenen Rotten darin beträgt 16 Rotten und der Mannschaft 256 Mann, und der Vorgesetzte derselben ist* συνταγματάρχης رئيس الفيثة او الجحفل *der Hauptmann der Compagnie; jede Compagnie enthält zu dieser Zahl noch fünf Mann besonders, nämlich* σημειωφόρος صاحب الرابة *einen Fahnenträger,* οὐραγός صاحب السافة *einen Zugschliesser,* σαλπιγκτής صاحب البوق *einen Trompeter,* ὑπηρέτης الخادم *einen Adjutanten, — [1]). So wird es angegeben; ich bemerke dazu, dass diese fünf in unserer Zeit zu der* كشافة (? *nächsten Umgebung des Feldherrn) und zu denen gehören, welche er auswählt, um als seine Bedienung ihm unmittelbar zu folgen; sie sind wie die geschlossenen Rotten geordnet, so dass sie nicht aus den Linien heraustreten. — Die Form der Compagnie ist quadratisch, so wie das Schachbrett 8 mal 8 Felder hat, so hat diese 16 Mann in der Länge und 16 in der Breite. Je zwei Compagnien werden* كركبة *eine Division[2]) genannt, die Anzahl der Mannschaft darin beträgt 512 Mann und die der geschlossenen Rotten 32 und der Anführer derselben heisst* πεντακοσιάρχης رئيس الكركبة *Hauptmann der Division. Je zwei Divisionen bilden* χιλιαρχία زمرة *ein Bataillon, die Anzahl der Mannschaft darin beträgt 1024 Mann und die der geschlossenen Rotten 64 Rotten und ihr Inhaber wird* χιλιάρχης رئيس الزمرة *Bataillonscommandant genannt. Je zwei Bataillone bilden eine* διχιλιαρχία *oder* μεραρχία طايفة *Halbbrigade, die Anzahl der Mannschaft darin beträgt 2048*

---

1) Der fünfte Name für σφυτοτζφυξ Herold fehlt im Arabischen.

2) Im Griechischen fehlt hier das Wort πεντακοσιαρχία und kommt erst in dem folgenden Satze vor.

Mann, der Anführer derselben heisst μεράρχης رئيس الدليعة, *Commandant der Halbbrigade, und darin sind 128 geschlossene Rotten; einige nennen die Halbbrigade* τέλος الجامع التامّ *(die volle Truppe) ein Regiment, der Anführer desselben heisst* τελάρχης رئيس الجامع التامّ *Regimentscommandeur. Je zwei Regimenter werden* φαλαγγαρχία جيش *eine Brigade genannt, die Anzahl der Mannschaften darin beträgt 4096 Mann und darin sind 256 geschlossene Rotten und ihr Anführer heisst* φαλαγγάρχης رئيس الجيش *Brigadier; einige nennen es* στρατηγία عسكر *Corps und den Anführer nennen sie* στρατηγός قايد الجيش *Brigade-Commandeur. Je zwei Brigaden heissen* διφαλαγγαρχία *Doppelbrigade* خميس *fünftheiliges Corps[1]), die Anzahl der Mannschaft darin beträgt 8192 Mann oder 512 geschlossene Rotten; einige nennen das fünftheilige Corps* μέρος طايفة *Armeecorps, andere* κέρας *Flügel* قللة *Colonne und der Commandirende heisst* رئيس القلّلة *Colonel. Je zwei fünftheilige Corps heissen* τετραφαλαγγαρχία *vierfache Brigade* العسكر الاعظم *die grosse Armee, darin sind 1024 geschlossene Rotten und an Mannschaft 16384 Mann,* und dies ist die zuerst genannte Zahl. *Die ganze Armee besteht also aus 2 Colonnen, das sind 4 Brigaden oder 32 Divisionen, 64 Compagnien, 128 Züge, 256 Sectionen, diese Menge sind 512 Schaaren* und die Zahl der Rotten, wie vorhin angegeben ist, nämlich 1024.

(Cap. X) *Der beste der Brigadiers wird auf den rechten Flügel gestellt, der ihm an Tapferkeit der nächste ist, auf den linken Flügel; dann der an Tapferkeit dritte an die Seite des rechten Flügels und der vierte an die Seite des linken Flügels, so werden zu Anführern der ersten und vierten Brigade diejenigen, welche in der Tapferkeit die erste und vierte Stelle einnehmen, und zu Anführern der zweiten und dritten Brigade diejenigen, welche in der Tapferkeit die zweite und dritte Stelle einnehmen, da wie im zweiten und dritten Range stehen. Es wird weiterhin vorkommen, dass die erste und vierte* δύναμις قوّة *Stärke der zweiten und dritten gleich ist, und folglich die Stärken der ersten Führer gleich sind. Unter den Führern der Halbbrigade findet dasselbe Verhältniss statt: der erste* au Tapfer-

---

1) Nämlich aus Vortrab, Centrum, zwei Flügeln und Nachtrab bestehend.

2) Anstatt من الجيش ist sicher zu lesen طايفة من الناس من يسمّى الخميس

keit wird auf den linken Flügel der ersten Brigade gestellt, der zweite auf den rechten Flügel der zweiten Brigade, der dritte auf den linken Flügel der dritten Brigade und der vierte auf den rechten Flügel der vierten Brigade. Die Aufstellung der Führer der geschlossenen Rotten geschieht in jeder Section in gleicher Weise, nämlich der tapferste unter ihnen für die erste Rotte, der zweite an Tapferkeit für die vierte Rotte, der dritte an Tapferkeit für die dritte Rotte und der vierte an Tapferkeit für die zweite Rotte. Nach diesem Muster werden nämlich ihre Stärken in den Schaaren gleich werden, weil der erste und vierte an Tapferkeit unter den Führern zu der ersten Schaar kommen und zu der zweiten Schaar der zweite und dritte. Denn die Wissenschaft der Mathematik zeigt, dass wenn vier Grössen in gleichem Verhältniss stehen, das Product der ersten und vierten gleich ist dem Product der zweiten und dritten; weil jede Compagnie aus vier Sectionen besteht, — [1])

Z. B. Wenn vier Zahlen in gleichem Verhältniss stehen, so dass das Verhältniss der ersten zur zweiten gleich ist dem Verhältniss der dritten zur vierten, so ist das Product der ersten und vierten gleich dem Product der zweiten und dritten, und die Theilung der ersten in die zweite gleich der Theilung der dritten in die vierte und ebenso die Theilung der zweiten in die erste gleich der Theilung der vierten in die dritte. Z. B. bei 2 3 4 6, da das Verhältniss der ersten d. i. 2 zur zweiten d. i. 3 ist wie das Verhältniss der dritten d. i. 4 zur vierten d. i. 6, weil zwei ²/₃ von drei und vier ²/₃ von sechs ist, so ist das Product aus der ersten und vierten gleich dem Product aus den beiden mittleren, man sieht, dass die Summe in beiden Fällen 12 ist; ebenso ergiebt die Theilung der ersten durch die zweite ebensoviel als die Theilung der dritten durch die vierte, man sieht, dass der Quotient in beiden Fällen ²/₃ von eins ist; und ebenso ergiebt die Theilung der zweiten durch die erste ebensoviel als die Theilung der vierten durch die dritte, weil der Quotient in beiden Fällen 1 ½ ist. Wenn also hiernach vier Zahlen in

---

1) Die Arabische Uebersetzung bricht hier ab, um das Gesagte erst noch an ein Paar Zahlen-Beispielen zu beweisen.

dem Verhältniss stehen, dass sich die erste zur zweiten verhält wie die dritte zur vierten, so ist das, was wir behauptet haben, richtig. Ein anderes Beispiel. Wenn vier Zahlen in einem Verhältniss stehen und sie werden versetzt, so bleiben sie in einem Verhältniss. Z. B. Wenn vier Zahlen *a b c d* in dem Verhältniss stehen *a* verhält sich zu *b*, wie *c* zu *d*, so sage ich, dass sie, auch wenn sie versetzt werden, in einem Verhältniss stehen, *a* verhält sich zu *c*, wie *b* zu *d*.

Die Absicht ist, dass die Rotten an Stärke gleich sein sollen, und *weil in jeder Compagnie vier Sectionen sind, so ist es nöthig, die Sectionen nach diesem Verhältniss so zu ordnen, dass bei jeder Compagnie, welche aus vier Sectionen zusammengesetzt ist, in der ersten Section unter den Führern der erste an Tapferkeit auf dem rechten Flügel steht, der Führer der vierten Section auf dem linken Flügel steht und der zweite an Tapferkeit ist, der Führer der dritten Section auf dem rechten Flügel steht und der dritte an Tapferkeit ist, und der Führer der zweiten Section auf dem linken Flügel steht und der vierte an Tapferkeit ist.*

(Cap. XI) *Es wird jetzt nöthig sein, über die Entfernung zu handeln, welche zwischen den Schwerbewaffneten stattfinden muss, und über die Entfernung des Abstandes, in welchem sie der Länge und Tiefe nach von einander stehen. Es giebt davon drei verschiedene Arten; nämlich erstens ist ihre Aufstellung in sehr weiter Entfernung unter gewissen Umständen, welche dazu nöthigen; dann können sie in geringerer Entfernung aufgestellt werden, so dass sie sich gleichsam schon auf einander drängen, endlich in noch geringerer Entfernung, so dass sie sich gleichsam gegen einander drücken.* Alles dieses wie es die Umstände erfordern. *Der in Schlachtordnung aufgestellte Mann nimmt an Platz vier Ellen in der Linie ein, der gedrängt stehende nimmt einen Platz von zwei Ellen, der gedrückt stehende einen Platz von einer Elle ein. Die gedrängte Stellung ist diejenige, wenn die gewöhnlich angenommenen Entfernungen für den Neben- und Hintermann nach der Länge und Tiefe verkürzt werden, jedoch so, dass es noch möglich ist* in der Rotte *die Wendung zuzulassen; die gedrückte Stellung ist die, wenn die Armee noch mehr als in der eben beschriebenen gedrängten Stellung in den anstossenden Neben- und Hintermännern zusammengedrängt wird, so dass*

7

darin eine Wendung weder nach rechts noch nach links möglich ist. Die gedrängte Stellung wird angenommen, wenn man dem Gegner nahe kommt, die gedrückte, um sich gegen einen plötzlichen Angriff des Feindes zu vertheidigen, und ebenso bei einem nächtlichen Überfall.

Da nun die Zahl der Anführer der geschlossenen Rotten, welche in der Front der Armee aufgestellt sind, 1024 Führer beträgt, so ist es klar, dass sie in der Schlachtordnung in der längsten Ausdehnung einen Raum von 4096 Ellen einnehmen, das beträgt 10 στάδια Stadien خله Pfeilschussweiten *und 96 Ellen, wenn sie gedrängt stehen, nehmen sie einen Raum ein, dessen Ausdehnung 5 Pfeilschussweiten und 48 Ellen beträgt, und wenn sie gedrückt stehen, ist die Ausdehnung ihres Raumes 2½ Pfeilschussweiten und 24 Ellen.*

(Cap. XII) *Was die Art der Waffen für die Armee betrifft, so bestehen sie in Schild und Lanze; der beste Schild ist der aus Erz, die Macedonier bedienten sich desselben* und diese waren in der Kriegskunst erfahren; *es ist nicht nöthig, dass der Schild sehr stark ausgehöhlt sei,* damit man ihn leicht handhaben kann; *die Lanze muss acht Ellen lang sein, dies ist* اقل *das wenigste*[1]*, was zulässig ist, damit der Soldat leicht damit stossen und sie bewegen kann.*

(Cap. XIII) *Die Anführer der geschlossenen Rotten müssen so beschaffen sein, dass sie Niemand in der Armee übertrifft, die ausgezeichnetsten darin an Körpergrösse, Kraft und Fülle der Erfahrung* und welche am besten im Stande sind. *ihre Zungen gegen schnöde Reden im Zaume zu halten. Denn dieses* [زyὸν المقترن] *verbundene Glied ist die Stütze der ganzen Armee und sein Nutzen für sie grösser als irgend etwas anderes. Denn sowie das Schwerdt wuchtig wird, wenn das Eisen, welches zu dessen Schneide verwandt wird, schwer ist und dadurch seine Kraft hervortritt, so muss man auch annehmen, dass die Armee eine Schneide habe und dass diese Schneide die Führer der geschlossenen Rotten seien, und man muss annehmen, dass das, was die Kraft, Fülle, Schwere und Grösse dieser Linie vermehrt, der Heerhaufen sei, welcher hinter ihr aufgestellt ist.*

---

1) im Gegentheil μήκιστον das längste.

In gleicher Weise ist es nöthig, dass der Feldherr für das dahinter stehende zweite verbundene Glied Sorge trage, nämlich dadurch, dass ihre Lanzen vorgestreckt werden, so dass sie den Lanzen der Mannschaft des ersten Gliedes nahe sind, dem Feinde grade entgegen, *und die demselben am nächsten sind, können in vielen Fällen von grossem Nutzen sein; und wenn einer aus dem ersten Gliede* von seinem Pferde *stürzt oder fällt, so nimmt sein Hintermann seine Stelle in der Linie wieder ein, so dass er dadurch die Glieder in Verbindung hält und darin keine Lücke entsteht. Das dritte verbundene Glied und die übrigen, welche dahinter folgen, werden aus den Leuten geordnet, welche* nach der Abschätzung *in der Stärke jenen am nächsten kommen.*

(Cap. XIV) *Die Macedonier pflegten die Linien ihrer Schlachtordnung aus einer geringen Anzahl von Truppen zu bilden, aber wegen der Vortrefflichkeit ihrer Aufstellung war es Niemandem möglich in sie einzudringen,* und ich werde, so Gott will, in dem Folgenden ihre Aufstellung erklären [1]).

Nämlich jeder Mann von ihnen stand in seinen Waffen zur Zeit des Kampfes und der gedrängten Stellung auf einem Platze von zwei Ellen, und die Länge einer von ihren Lanzen wurde zu 16 Ellen angenommen, (die Magribiner haben noch bis auf diese unsre Zeit diese Länge sorgfältig beibehalten,) *in Wahrheit betrug sie nur 14 Ellen und sie ging unter die Hand des Kriegers und dehnte sich hinter ihm aus eine Strecke von vier Ellen, so dass sie vor ihm 10 Ellen über das erste verbundene Glied hervorstand. Die Mannschaft des zweiten Gliedes blieb* [mit ihren Lanzen] *hinter ihnen die Strecke von zwei Ellen zurück, nämlich hinter den Lanzenspitzen des ersten Gliedes, das dritte Glied hinter den Lanzen des zweiten um zwei Ellen, das vierte hinter den Lanzen des dritten um zwei Ellen, das fünfte hinter den Lanzen des vierten um zwei Ellen vor dem ersten Gliede. Das sechste Glied und die noch weiter zurückstehenden Reihen konnten ihre Lanzen nicht über das erste Glied hinausbringen.* Ich glaube, dass das sechste Glied aus den Bedienten, Paucken und Gepäck bestand, weil

---

1) Anstatt اسهل lese ich ببين.

man sich in unsrer Zeit um diese Reihen nicht mehr bekümmert, desshalb haben wir uns auf fünf Glieder beschränkt. Wenn nun der Feldherr diese Glieder in der Weise, wie ich es beschrieben habe, ordnet, so kann, so Gott will, keiner von dem Feinde ihm etwas anhaben; *weil er jeden einzelnen von ihnen zwischen fünf Lanzen sieht, welcher Anblick könnte dem Feinde furchtbarer sein als dieser?* und der Mann, welcher sich *von fünf Lanzen umgeben sieht, fühlt sich ungemein stark, wenn er bedenkt, dass sein Leben durch fünf Lanzen und durch die Kraft von fünf Männern beschützt wird,* und er verlässt sich somit auf Gott in allen seinen Lagen; denn die Aufstellung, weil sie beständig — [1]) und lässt den Gedanken an *die Flucht* in ihm gar nicht aufkommen. *Einige haben die Spitzen der Lanzen dieser fünf Glieder bis auf den gleichen Endpunkt gebracht,* dies ist von dem vorigen abweichend, indess zweckmässiger und wirksamer. Dann hält das erste Glied die Spitzen der Lanzen zwei Spann über der Erde, das zweite Glied zwei Spann darüber, das dritte zwei Spann über diese, das vierte zwei Spann darüber und das fünfte zwei Spann darüber; auf diese Weise sind ihre Lanzen überall, so dass, wenn Jemand vor ihnen mit kurzen Lanzen, Steinen oder etwas ähnlichem werfen sollte, dies an den Spitzen ihrer Lanzen abprallen und zur Erde fallen würde und dadurch keine Stelle bliebe, durch welche der Feind eindringen könnte, gleichviel ob es ein Reiter oder Fussgänger sei.

Wenn nun der Feldherr die gedrängten Rotten vermehren will, damit das Heer in den Augen des Feindes einen furchtbaren Anblick bekommt, so (Cap. XV) *bringt er die Leichtbewaffneten* hinter den Rotten nach der Form der vorhin beschriebenen Aufstellung *auf die gleiche Anzahl von 1024 wie die Rotte des Hauptcorps, so dass die erste von den Rotten der Leichtbewaffneten sich der ersten der gedrängten Rotten des Corps anschliesst, die zweite der zweiten und in dieser Weise weiter, nur dass es nicht nöthig ist, dass die Anzahl der Rotten der Leichtbewaffneten 16 sei, sondern es können deren weniger sein* nach dem Gutdünken des Feld-

---

1) Hier ist etwas ausgelassen, der Text zeigt keine Lücke.

herrn, und wenn er für jede Rotte acht Mann bestimmt, so ergiebt dies für 1024 Rotten der Leichtbewaffneten 8192 Mann.

(Cap. XVI) *Die Namen derselben sind folgende: Je vier Rotten der Leichtbewaffneten heissen eine Schaar und die Anzahl der darin befindlichen Leute beträgt 32 Mann; je zwei Schaaren heissen eine Section und die Anzahl der darin befindlichen Leute beträgt 64 Mann; je zwei Sectionen heissen ein Zug und die Anzahl der darin befindlichen Leute beträgt 128 Mann; je zwei Züge heissen eine Compagnie und die Anzahl der darin befindlichen Leute beträgt 256 Mann; je zwei Compagnien werden eine Division genannt und die Anzahl der darin befindlichen Leute beträgt 512 Mann; je zwei Divisionen heissen ein Batallion und die Anzahl der darin befindlichen Leute beträgt 1024 Mann; je zwei Batallione heissen ein Regiment und die Anzahl der darin befindlichen Leute beträgt 2048 Mann; je zwei Regimenter werden eine Brigade genannt und die Anzahl der darin befindlichen leichtbewaffneten Leute beträgt 4096; je zwei Brigaden werden ein Armeecorps genannt und die Anzahl der darin befindlichen Leute beträgt 8192 Mann, welche 1024 Rotten bilden.* Zu Führern dieser Rotten werden auserwählte Männer genommen, welche in allen Stücken erfahren sind und in allem, was ihnen befohlen wird, ihren Vorgesetzten gehorchen.

Über einige Stellungen, welche die Sachkundigen nach den Figuren des Euklides angewandt haben. Hierzu gehört (Cap. XVIII) *die dem Rhombus ähnliche Form, deren sich die Thessalier bedienten, welche kräftige Reiter waren. Der erste, welcher ihnen die Anweisung zur Anwendung dieser Form gab, war ein Mann Namens Jason, sie ist auch wirklich eine für alles Nöthige geeignete Form und gestattet den Reitern, welche sich ihrer bedienen, sich rasch nach jeder Seite, von welcher der Feind sich zeigt, zu drehen und zu wenden, ohne von der Wendung etwas zu fürchten zu haben und ohne dass dadurch das Verderben der Reiter herbeigeführt wird. Die besten Reiter werden nämlich an die Seiten der Form gestellt, die Führer auf die Ecken und zwar stellt sich der Corpsführer auf diejenige Ecke, welche nach vorn ist, die Beschützer der Seiten werden auf die rechte und linke Ecke gestellt und auf die noch übrige Ecke der Commandant der Rückseite. Danach entsteht diese Figur*

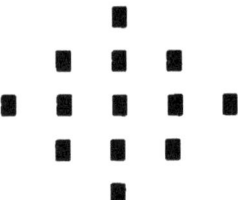

Diese Aufstellung ist schön und der Ursprung der unter dem Namen *el-bucca* (der Spiegel oder das Carré) bekannten Schlachtordnung,
woraus man zu allen beliebigen Schlachtordnungen übergehen kann, wie
es der Feldherr für gut findet. Die übrigen Figuren, welche Euclides
erwähnt, sind nach dem bisher Gesagten für jeden Sachverständigen bei
weiterem Nachdenken die Grundlagen der Schlachtordnungen.

Die quadratischen Formen sind diejenigen, deren sich die Perser, Sici-
lianer und viele von den Griechen bedienten, weil sie glaubten, dass das
Reiten in dieser Form von Anfang an am leichtesten sei, und die Reitkunst und die Geschicklichkeit, um sich den Sieg zu verschaffen, kann
sich in vielen Formen zeigen. *Die Aufstellung ist nämlich in dieser Weise*
leichter für die geschlossene und verbundene Form und in ihr stehen die
Führer mit ihrer ganzen Armee dem Feinde in einer Schlachtordnung ge-
genüber. Die beste Aufstellung eines Corps ist so, dass die Anzahl der
Mannschaft in der Länge doppelt so gross ist als in der Tiefe, z. B. dass
in der Länge zehn und in der Tiefe fünf sind; diese Aufstellung nämlich
ist zwar an Zahl in der Länge und Tiefe verschieden; in der Form aber
quadratisch, weil die Länge des Pferdes vom Kopfe bis zum Schwanze im
Verhältniss zu seiner Breite bei der gedrängten Stellung in der Rotte einen
grösseren Aufstellungsplatz erfordert. Einige haben auch die Anzahl der in
der Länge aufgestellten dreimal so gross angenommen als die in der Tiefe
aufgestellten in der Meinung, dass dies die quadratische Form ergebe, weil
die Länge des Pferdes in den meisten Fällen dreimal so gross als seine
Breite anzunehmen sei, und danach haben sie in der Front neun und in der
Tiefe drei aufgestellt. Nämlich bei den Schwerbewaffneten hat die Menge

der Reiter nicht den Nutzen, welcher aus einer tiefen Aufstellung des Fuss-
volks erwächst, welches von hinten auf die Vordermänner drängt; denn die
Reiter können in manchen Fällen nicht nach dem Grade ihrer Stärke *mit*
Nutzen verwandt werden, weil sie auf ihre Vordermänner nicht zugleich auf-
drängen wie bei dem Fussvolk.

Ich bemerke hierzu: Aus diesem Grunde muss ein jeder der Emire
einen Lehrmeister annehmen, welcher die jungen Leute unterrichtet, bis
sie in der Führung der Lanze so geübt sind, dass es ihnen zur Gewohnheit geworden ist, damit, wenn etwas ausgeführt werden soll, wozu ihre
Mitwirkung nöthig ist, sie dazu im Stande sind und nicht als unbrauch-
bar zurückbleiben; oftmals werfen sie ihre Lanzen von sich und der
Sinn der Worte des Aelianus ist der, dass das ganze Corps einen gemeinschaftlichen Angriff machen soll. Diese quadratische Form ist diejenige, aus welcher die erste Rennbahn und die Doppelringe hervorgegangen sind, welche man Doppelreihe nennt, dies[1]) ist eine quadratische
Form mit zwei Rundungen, welche vor zwei Kreisen voraufgehen (²);
auch sind noch viele andere Formen daraus hervorgegangen, wie oben
erwähnt ist. — *Hieraus folgt immer, wenn die Anzahl der Reiter in der*
Länge gleich ist ihrer Anzahl in der Tiefe, dass die Zahl quadratisch und

---

1) In der Handschrift steht ذكر شكر مربع مقويصين

*die Form quadratisch ist, der Unterschied in der Quadratur liegt nur in
dem, was oben über den Unterschied der Länge und Tiefe gesagt ist.*

(Cap. XIX) *Man glaubt, dass die dem Rhombus ähnliche Formation
des Heeres aus einer Nothwendigkeit entstanden sei. Wenn nämlich der
Corpsführer sich selbst als den ersten aufstellt, so ist es nicht nothwendig,
dass die an seiner Seite aufgestellten Reiter in gleicher Richtung sich an ihn
anschliessen, sondern sie müssen hinter ihm bleiben, so dass die Köpfe* (der
Pferde) *dieser Reiter nahe an die Schultern des Corpsführers heranreichen*
und einer gegen den anderen zurücksteht d. h. *sowohl die auf der linken
und rechten Seite, als auch die dahinter befindlichen, damit nicht unter ihnen
Verwirrung entsteht, weil die Pferde öfter einander schlagen,* so dass aus
diesem Grunde die Reiter öfter abgeworfen werden. *Von denen, welche
die Pferde in den dem Rhombus ähnlichen Formen geordnet haben, sind einige der Ansicht gewesen, dass die Reiter in verbundenen Reihen, andere,
dass sie in geschlossenen Reihen, noch andere, dass sie weder in gebundenen
noch geschlossenen Reihen stehen müssten. Eine jede von diesen Stellungen
wird auf folgende Weise ausgeführt.*

*Diejenigen, welche die gebundene und geschlossene Form der Reiter an-
nehmen, stellen das längste Glied des Corps in der Mitte auf,* wie oben gesagt ist, *und setzten für die darin befindlichen Reiter eine ungerade Zahl
fest, z. B.* 11 13 15 u. d. gl. *und ordnen auf den beiden Seiten dieser ge-*

bundenen Linie zwei Reihen, eine vor und eine hinter dieselbe, und machen jede von diesen beiden gegen die vor ihnen befindliche Reihe um zwei kürzer; z. B. wenn die grösste gebundene Reihe aus 15 Reitern besteht, so kommen in jede der beiden ihr zunächst stehenden Reihen 13 Reiter, in die darauf folgende 11 Reiter und in dieser Weise erfolgt die Verkürzung in den folgenden Reihen immer um je zwei, bis dass nur einer übrig bleibt; die Summe des ganzen Corps beträgt dann 113 Reiter.

Beschreibung der Stellungen beim Zusammenstoss.

Wenn die Aufstellung der Ungläubigen quadratisch ist und die der Muslimen mondsichelförmig, so muss der Feldherr darauf achten, ob die Anzahl der Ungläubigen eben so gross ist als die Anzahl seiner eigenen Leute, dann ist er sicher, so Gott will, zu siegen; er muss auf die beiden Seiten des Bogens mit der grössten Sorgfalt achten und die Truppen müssen mit der grössten Ausdauer Stand halten. Das beste ist, wenn er die vorderen Glieder des Centrums nach den Seiten des Bogens dirigirt, um den Leuten auf den Flügeln zu Hülfe zu kommen und der Mannschaft der beiden mondsichelförmigen Reihen zur Stütze zu dienen, damit sie den rechten und linken Flügel der Ungläubigen durchbrechen, wobei er sich von dem Centrum derselben zurückhält, Zweikämpfe unterlässt, ruhig aushält, den Kampf gegen sie aber mit aller Kraft führt in einer Weise, die dem Feinde seine Überlegenheit deutlich zeigt, und besonders die Ecken und die Flügel in die Flucht zu schlagen sucht, denn dies ist das grösste und wichtigste; die Mannschaft des Centrums dehnt sich so weit aus, dass sie wo möglich die Hälfte der Front einnimmt und dadurch wird dann die Action zu Ende geführt, selbst wenn die Ungläubigen ihre Aufstellung in die Rhombus-Form umändern, und nichts darf daran hindern, dass die Mannschaft des Centrums sich ausbreite, weil sie vor allem anderen mit dem Kampfe beschäftigt ist, was bei der ersten Aufstellung nicht der Fall war. Das Verfahren dabei ist, dass die beiden Enden des Bogens sich verengern in der Absicht, die Aufstellung der Ungläubigen zu umfassen, und dass die Mannschaften des

8

Vortrabs, des Vordertreffens und des Nachtrabs bis an die Ecken der hinteren Linie des Feindes vorgehen und ihm von beiden Seiten Schaden zuzufügen suchen und seine Schlachtordnung in Unordnung bringen. Ebenso wenn die Aufstellung der Ungläubigen lang ausgedehnt ist, so wird sie dadurch geschwächt wie vorhin und die Action der Muslimen ist dabei ganz dieselbe wie vorhin. Wenn die Aufstellung der Ungläubigen knaul- oder ringförmig ist, so ist sie gegen die mondsichelförmige viel schwächer und diese jener überlegen. Wenn die Schlachtordnung der Ungläubigen mondsichelförmig und die der Muslimen quadratisch ist, so ist das richtige, dass sie alles daran setzen, um auf beiden Seiten über die Seiten der mondsichelförmigen Aufstellung des Feindes hinauszukommen; wenn dieses gelingt, so ist damit die Übermacht gewonnen, die Mannschaften des rechten und linken Flügels müssen die Enden der Bogen zu durchbrechen suchen, dies ist eine der schwierigsten Unternehmungen. Was die Mannschaft des Centrums betrifft, so ist es ihre Aufgabe, den Auftrag, welcher ihr zu Theil geworden ist, gut auszuführen, nämlich die Mannschaft der äussersten Enden der Bogen stutzig zu machen und wenn es ihr durch einen gemeinschaftlichen Angriff gelingt, sie zu werfen, so dass sie die Fersen zeigt, so ist es am besten, wo nicht, so ist die äusserste Anstrengung zu machen, um die beiden Enden der Mondsichel zu durchbrechen, wie es auch gehen mag. Wenn die Muslimen im Rhombus aufgestellt sind, so ist diese Form überlegener als die erste, weil die beiden Ecken desselben gewöhnlich weit ausgedehnt sind und die Stellung seiner beiden Seiten und des Hintertreffens ein Centrum von äusserster Stärke bilden.

Wenn ihre Aufstellung *dabbâbî* (die verdeckte) ist, so geschieht der Vormarsch in der Weise, dass sie das ganze Vordertreffen in zwei Theile theilen nach rechts und nach links und die Nachhut näher kommen lassen, bis sie in der Richtung, wo die Lücke zu beiden Seiten entstanden ist, in die Linie des Hintertreffens eintrit, damit die Mannschaft der beiden Corps auf den beiden Flügeln sich nach und nach mehr als die anderen an dem Kampfe betheiligen kann. Sollte die Aufstellung der Muslimen die lang gestreckte Form haben, so ist sie zum Widerstande zu schwach, weil die vorderen Reihen den Kampf nicht aushalten können, und ihre Deckung muss so wie bei der *dabbdhl* Aufstellung erfolgen. Die schlechteste aller Schlachtordnungen ist die Ring- und Knaul-Aufstellung, und wenn es irgend möglich ist, muss sie behutsam und vorsichtig in eine andere verändert werden in einer Weise, dass ihre Reihen nicht in Unordnung gerathen und der Feind nichts davon merkt, das ist die Hauptsache, und wenn dies nur langsam geschehen kann, so werden sämmtliche Reserven und Hintertreffen nach der rechten und linken Seite dirigiert, das ist noch das wirksamste, was man dabei thun kann.

Wenn die beiden Schlachtordnungen in gleicher Weise aufgestellt sind, quadratisch oder anders, mit Ausnahme der mondsichelförmigen und Ring-Stellung, so ist die Action darin gleich, nur dass der Kampf und die gute Ausführung den Gliedern in der Front obliegt, und wenn der Angriff oder die Annäherung erfolgt, so dass z. B. die eine Partei quadratisch, die andere lang ausgedehnt oder in Rhombus-Form oder ähnlich aufgestellt ist, so ist die Action dabei nahe zu so, wie wir beschrieben haben. Von der Mondsichelform ist oben schon die Rede gewesen und was die Knaulform betrifft, so wird es selten vorkommen, dass beide Heere in dieser Weise zugleich auftreten; sollte es aber der Fall sein, so ist die Aufgabe des Feldherrn der Muslimen die, dass er den Gegner umzingelt und eine mondsichelförmige oder eine andere z. B. die Rhombus-Bildung ausführen lasst, dies sind Grundlehren der Taktik. Wenn die Armee sich in einer Ebene befindet und rund aufgestellt ist, so soll man sie nicht für die Kreisfigur halten, weil die Kreisfigur geringer erscheint, als sie in Wirklichkeit ist, wenn man ihre Ausdehnung berechnet und den Raum, welchen der Kreis umgiebt. Im anderen Falle, wenn die äusseren Seiten einer Armee lang gedehnt sind, oder ein Theil derselben gepresst oder gekrümmt ist oder viele Ecken hat, so soll man sie nicht für zahlreich halten. Wenn eine Armee auf einem Berge oder auf einer Anhöhe ist, so erscheint sie grösser, als wenn sie auf ebenem Boden steht, und man muss sehen nach der vorhin angedeuteten Berechnung die Wahrheit zu ermitteln oder dem richtigen Ver-

8 *

hältnisse nahe zu kommen, denn das ist die Hauptsache im heiligen Kampfe. — Wenn der Feldherr die angenommene Schlachtordnung verändern will, (Cap. XXIV) *so muss er dazu ein bestimmtes Zeichen festsetzen, damit, wenn er dieses Zeichen giebt, die Truppen in der Weise ihre Stellung ändern, wie er es bezeichnet.* Einige der früheren Heerführer haben *dafür bestimmte Benennungen angenommen, wie Wendung, Umkehr, Schwenkung, Graderichtung der Schwenkung[1]), kleine Drehung, grosse Drehung, Rotten schliessen, Glieder verbinden, Rückkehr zu der vorigen Stellung,* der entwickelte Rundgang, *Verdoppeln,* dem rechten und linken Flügel folgen, *flankirte Colonne, rechteckige Colonne, schräge Colonne, Einordnen,* Vorgehen, *Ausfüllen, Hinterstellung,* ein Glied nach dem andern, Anschliessen.

(Cap. XXV) *Mit dem Ausdruck* κλίσις قبض *Wendung bezeichnen einige die freie (einzelne) Wendung und zwar die nach der rechten Seite heisst die Wendung nach der Lanzenseite und die nach der linken Seite heisst die Wendung nach der Schildseite;* zwei Arten. Die freie Wendung ist die Drehung nach den anderen Seiten. *Μεταβολή اللبب Umkehr ist die Wendung nach rückwärts* und dies ist die Wendung zur Flucht. 'Επιστροφή الفتل *Schwenkung hat die Bedeutung, wenn die Schwerbewaffneten sich so zusammengedrängt haben, dass sie wie ein Körper geworden sind, und sie wenden sich dann nach der rechten oder linken Seite, als wenn sie sich um den ersten Hauptmann der geschlossenen Rotte im Kreise drehten, und schwenken sich und bleiben auf dem Platze, der vor ihnen ist.* 'Αναστροφή الانتقال *Das Umwechseln ist die Umstellung des hinteren Gliedes nach vorn und der Rückgang der vorderen Reihen auf den Platz des Hintertreffens;* dabei findet die Wendung zweimal statt, einmal auf der Stelle, (?) das andere Mal, dass sie dem Feinde gerade ins Gesicht sehen und die Abtheilung, welche bisher im Kampfe war, sich ausruht. Darin liegt nach meiner Ansicht eine Schwäche, weil der Feind, wenn er ihre Umstellung

---

1) Das Arabische deckt sich hier und weiterhin nicht genau mit dem Griechischen, es hat eine Umstellung mit einem Schreibfehler stattgefunden und müsste danach الانتقال والتسوية heissen: Gradausmachen, Umwechseln.

bemerkt, oftmals in dieser Lage plötzlich auf sie einen Angriff macht
und über sie einen Vortheil erreicht; es darf also nur eine solche Wendung sein, welche der Feind nicht wahrnimmt. 'Eς ὀρθὸν ἀποδοῦναι
التـصويب *Gradausmachen ist die Schwenkung und Rückkehr der Compagnie
auf den ersten Platz.* Περισπασμός الصفرى الاستدارة *die kleine Drehung ist
eine Bewegung von zwei Schwenkungen des Zuges, bis dass er den Platz
einnimmt, welcher hinter ihm ist.* 'Εκπερισπασμός العظمى الاستدارة *die grosse
Drehung ist die Bewegung des Zuges in drei Schwenkungen hinter einander,*
wodurch er die Stellung nach der Seite des Kampfes bekommt, *wenn
sie nach rechts erfolgt, steht er dem Feinde nach rechts gegenüber, und wenn
sie nach links erfolgt, steht er nach links gegenüber.*

(Cap. XXVl) Στοιχεῖν التقاطر *in Rotten geschlossen sein sagt man,
wenn jeder einzelne Mann, welcher sich in der Rotte befindet, zu dem Hauptmann der geschlossenen Rotte und zu dem Inhaber der letzten Stelle in gerader Richtung steht, indem die Entfernung zwischen ihnen gleich ist;* ζυγεῖν
الاقتران *in Rotten verbunden sein sagt man, wenn jeder einzelne Mann, welcher sich in der Rotte befindet, mit seinem Nebenmanne in der Front in gerader Richtung steht, indem die Entfernung zwischen ihnen ebenfalls gleich
ist, so dass die Hauptleute der Rotten in gerader Linie stehen.* Διπλασια-
σμός التصعيف *die Verdoppelung geschieht dadurch, dass die Anzahl derer,
welche in den Rotten stehen, vermehrt wird, sei es in der Länge oder in der
Tiefe: wenn der Feldherr verdoppeln will und es bestehen die geschlossenen
Rotten z. B. aus acht Mann, so commandirt er, dass vier von diesen zwischen den Rotten eintreten, dann bleiben in der Länge jeder Reihe der geschlossenen Rotten vier Mann und die Rotten sind doppelt so stark, als sie
anfangs waren, und auch die Verbindung unter den Hauptleuten der Rotten
ist eingetreten. Wenn man dann die Verminderung unter ihnen wieder her-
stellen will, so commandirt man, dass diejenigen, welche zwischen getreten
sind, wieder auf ihren vorigen Platz zurückkehren. Einige halten dies nicht
für zweckmässig, sondern lassen die Leichtbewaffneten auf dem rechten und
linken Flügel sich ausbreiten und ebenso die Reiter.*

(Cap. XXVIl) 'Εξελιγμός *Entwickelung* الاستدارة المطلقة *der entwickelte
Rundgang. Davon giebt es zwei Arten, die eine in der Schlachtordnung der*

geschlossenen Rotten, die andere in der Schlachtordnung der verbundenen Rotten, wie oben bemerkt ist; jede dieser beiden Arten hat drei Formen, die eine ist nach den Makedoniern benannt, die andere nach den Lakedämoniern, und die dritte ist unter dem Namen der Persischen oder auch der Kretischen bekannt und heisst auch (χόριος die im Reigen geführte) البلدى *die ländliche[1]). Die erste ist diejenige, wobei die Truppe, wenn sie vorwärts geht, den Platz vor der Linie einnimmt und sich mit dem Gesicht nach vorn wendet; die zweite ist diejenige, wobei die Truppe den Platz hinter der Linie einnimmt mit verbundenen Rotten, welche auf den Plätzen, welche sie anfangs einnehmen, Halt machen, d. h. wenn sie Halt machen, stehen die ersten auf dem Platze der letzten und die letzten auf dem Platze der ersten.*

(Cap. XXX) Πλάγιος محرف (quer) *flankirt heisst die Colonne, wenn ihre Länge doppelt so gross ist als ihre Tiefe;* παραμήκης oblong مستقيم *rechteckig heisst sie, wenn sie nach einer von beiden Seiten geht und ihre Tiefe doppelt so gross ist als ihre Länge, und im Allgemeinen sagt man von jeder Art, sie sei lang, wenn ihre Länge grösser ist als ihre Tiefe, und sie sei rechteckig, wenn ihre Tiefe grösser ist als ihre Länge.* Λοξός مورب *Die schräge Colonne ist diejenige, deren rechter oder linker Flügel, welcher von beiden es sein mag, dem Feinde genähert und im Kampfe begriffen ist, während die andere Seite in der Entfernung vereinigt zusammen bleibt.*

(Cap. XXXI) Παρεμβολή الرّض *Einordnen ist, wenn Leute geordnet sind und man zwischen sie in die Zwischenräume, welche zwischen jedem einzelnen von ihnen gelassen waren, andere von den hinter ihnen geordneten eintreten lässt, bis sie mit ihnen in eine gerade Linie kommen.* Πρόσταξις الجنبة *Seitenstellung ist, wenn auf beiden Seiten der Schlachtordnung oder auf einer derselben Leute hinzugenommen werden, so dass sie über den rechten oder linken Flügel hinaus mit der Linie in Front stehen.* Ἔνταξις Einschieben الحشر *Ausfüllen heisst, wenn der Feldherr die Leichtbewaffneten einen Mann nach dem anderen in die Zwischenräume der Linie einordnet.*

---

1) Der Arabische Übersetzer hatte also anstatt χόριος in seinem Griechischen Texte χώριος von χώρα بلد Land.

Ὑπόταξις الزاول *Hinterstellung heisst, wenn er die Leichtbewaffneten hinter die Flügel der Linie ordnet, so dass ihre Aufstellung eine in einander greifende wird, und ihr Verhältniss das Verhältniss von etwas, was drei Thüren hat, bekommt.*

Dies sind die Commandos der Älteren, so dass, wenn sie sich nach irgend einer Seite wenden sollten, der Hauptmann der Compagnie eins von diesen Commandos gab, dann wandten sie sich nach der Seite, wohin sie commandirt waren. Die Späteren haben dies alles auf zwei Worte abgekürzt und ihre Commandos lauten *húgúwwrd* und *húbarrd*, das ist also kürzer als alle die anderen Worte, so ruft der Hauptmann und die Soldaten müssen ihn sorgfältig im Auge haben, damit sie, wenn er sich nach einer Seite wendet, mit ihm dieselbe Wendung machen, ohne dass einer von ihnen zurückbleibt, sondern einer muss dem anderen nachfolgen. Im Laufe der Zeit hat man dann vergessen, was *húgúwwrd* und *húbarrd* ursprünglich bedeutet hat, einige sagen, *húgúwwrd* habe den Sinn [? nach dem Anklang von *wugúh tugáh*], dass die Gesichter sich gegen einander kehren und *húbarrá*, dass die Rücken sich gegen einander kehren sollen; man weiss nicht mehr, aus welchem Grunde dies ursprünglich so festgesetzt wurde. Andere dagegen behaupten, die Ausdrücke seien vom Spielen hergenommen und hätten ursprünglich die Bewegungen bezeichnet, welche, wie oben angegeben ist, im Kriege zu machen sind. Auch ich hatte dies angenommen, bis der Gross-Emir el-Mugáhid N. N. el-Básití mich belehrte, dass jedes von diesen beiden Wörtern eine bestimmte Bedeutung für sich habe, wie ich es nachher, so Gott will, auseinandersetzen werde.

Die Kreisstellung ist nämlich eine bekannte Formation in der Schlacht, bei den Darstellern finde ich aber die Kreisstellung nicht abgebildet und die Formation nicht beschrieben, sie reden nur davon als von etwas unbekannten. Desshalb will ich mit Gottes Hülfe erwähnen, was die Älteren darüber gesagt haben, damit man wisse, was die Kreisstellung sei. Die Sache verhält sich im Wesentlichen so: Wenn ein Corps den Kreis formiren soll, so ruft der Commandirende *húbarrá*, das verstehen die Soldaten und führen es aus, und wenn er ruft *húgúwwrd*, ebenso[1]), so dass es einer langen Rede nicht bedarf; denn sie befinden sich in einer Lage, in welcher es nicht angebracht ist, viele Worte zu machen, weil jeder einzelne mit sich selbst beschäftigt ist aus Furcht vor dem Tode oder aus Liebe zum Leben. Wenn also das Commando in dieser Weise erfolgt, so müssen es die Soldaten von ihren Instructoren annehmen, bis sie es lernen und ihre Glieder mechanisch sich daran gewöhnen, damit ihre Wendung zur Kreisformation wie von einem Manne erfolge. Denn dies ist eine Action, welche in der Schlacht ihren Nutzen hat, und wer das ausser Acht lässt, der hat keine Kenntniss davon, und wer keine Kenntniss davon hat, der ist wie ein Esel, der die Säcke mit Datteln trägt, er trägt sein Gepäck und seine Waffen, und weiss nichts von dem, was wir gesagt haben. Gelobt sei Gott, der uns lehrt, was wir nicht wussten.

---

1) d. h. sie verstehen es und öffnen den Kreis.

Über den Zweikampf

**und was darin Grosses geleistet worden ist im Gegensatz
zu dem bisher Gesagten.**

Wenn die Reihen von beiden Seiten in Schlachtordnung aufgestellt
waren und längere Zeit einander gegenüber standen und die Reiter zu
kämpfen verlangten, so pflegten die Truppen seit alter Zeit im Heiden-
thum und Islam sich zum Kampfe herauszufordern, dies war der Anfang
der Schlacht, und wenn beide Heere damit einverstanden waren, so fan-
den nur Zweikämpfe statt. Einer der Gelehrten sagt: der Zweikampf
ist zweierlei Art, *gewünscht* und *erlaubt*; gewünscht wird, wenn ein Mann
von den Ungläubigen vortritt, dass sich ihm einer von den Muslimen
gegenüber stellt, gemäss der Überlieferung [1]), wonach am Tage der Schlacht
bei Badr 'Otba und Scheiba, die Söhne des Rabîa, und el-Walîd ben
'Otba vortraten und 'Otba sprach: wer will den Kampf wagen? Da
ging ihm ein junger Mann von den Ançâr [2]) entgegen, den fragte er:
wer bist du? er antwortete: einer von den Ançâr. Jener entgegnete:
dich kann ich nicht gebrauchen, ich verlange einen von den Söhnen
meines Oheims [3]). Nach einer anderen Überlieferung sagte er: ich kenne
keine Ançâr, wo sind statt deiner die Kureischiten? Jetzt sprach der
Prophet zu Hamza, 'Obeida ben el-Hârith und 'Alî ben Abu Tâlib:

---

1) Vergl. *Ibn Hischâm*, Leben Muhammed's, S. 443.
2) d. i. Hülfsgenossen, die mit Muhammed aus Mekka nach Medina geflüchtet
waren.
3) d. i. einen von meinen näheren Verwandten.

9

gehet zu ihnen hinaus. Da trat Hamza dem 'Otba, 'Alí dem Scheiba
und 'Obeida dem Walíd entgegen, Hamza tödtete den 'Otba und 'Alí
den Scheiba, zwischen el-Walíd und 'Obeida war der Kampf nach zwei
Gängen unentschieden, jeder von beiden hatte seinen Gegner schwer
verwundet. 'Alí erzählt weiter: da wandten wir uns gegen el-Walíd,
tödteten ihn und nahmen 'Obeida mit uns. Dies war also der erste
Zweikampf im Islam auf Befehl des Propheten. Es wird auch erzählt,
dass 'Alí ben Abu Tálib den 'Amr ben 'Abd Wudd el-'Âmirí herausge-
fordert habe; da sprach zu ihm 'Amr: wer bist du? er antwortete: ich
bin 'Alí ben Abu Tálib. Jener erwiederte: ich möchte nicht gern dich
tödten, mein lieber Vetter; worauf 'Alí entgegnete: aber ich möchte gern
dich tödten. Darüber wurde 'Amr aufgebracht und griff ihn an, aber
'Alí tödtete ihn [1]).

Ein anderer Zweikampf und zwar der grösste, welcher auf dem
Erdboden stattgefunden hat, ist der zwischen dem Gottgesandten und
Obeij ben Chalaf. Dieser Obeij hatte nämlich in Mekka ein Pferd,
welchem er täglich zu fressen gab um es recht herauszufuttern und so
oft er den Propheten sah, sagte er: auf diesem Pferde werde ich dich
tödten; worauf der Prophet erwiederte: im Gegentheil, ich werde dich
tödten. Am Tage von Ohod nun, als der Gottgesandte einen Hieb über
den Kopf erhalten hatte und viele von den Muslimen getödtet und verwundet waren, schritt der Prophet vor, da sprach zu ihm einer der
Ançâr: da kommt Obeij ben Chalaf auf dich zu, erlaubst du, dass einer
von uns sich ihm entgegen werfe? Er antwortete: lass ihn; und damit
nahm der Gottgesandte dem Hârith ben el-Çimma eine kurze Lanze aus
der Hand, schwang sie und traf ihn damit an der Kehle und ritzte ihm
die Haut, indess konnte er sich nicht auf seinem Pferde halten. Seine
Cameraden sagten ihm: wenn einer von uns eine solche Wunde bekommen hätte, die würde ihm nicht schaden; er aber erwiederte: wenn er
(Muhammed) auf den Bergen von Tihâma stände, so würden sie zer-
schmelzen. Er starb auf dem Rückzuge in Sarif. So erzählt el-Buchârí

---

1) Vergl. *Ibn Hischâm* S. 677 fg.

in dem Çahîh, und Hassân ben Thâbit hat darüber einige Verse ge-
dichtet, unter denen dieser ist:

Geerbt hatte den Irrthum von seinem Vater
Obeij am Tage, da der Gesandte den Zweikampf mit ihm bestand[1].
Heil dem, der so handelt, wie der Prophet gehandelt hat.

Erlaubt ist es, dass der Muslim zuerst zum Zweikampfe heraus-
fordert, denn wenn er in sich die Kraft zum Kampfe fühlt, so stärkt er
dadurch den Muth der Muslimen; wir sagen nur, dass es nicht erwünscht
ist, weil es doch vorkommt, dass ein solcher getödtet wird, und dann
wird dadurch der Muth der Muslimen gebrochen. Es knüpft sich daran
die Frage, ob der Zweikampf gestattet sei ohne Erlaubniss des Vorgesetzten oder dessen Stellvertreters; wenn der Vorgesetzte oder dessen
Stellvertreter ihn erlaubt, so findet keine Meinungsverschiedenheit darüber
statt, dass er gestattet sei, aber darüber ist man verschiedener Meinung,
wenn er nicht mit Erlaubniss stattfindet. Die meisten halten ihn auch
dann für gestattet und beweisen dies damit, dass, als 'Otba zum Zweikampfe herausforderte, mehrere der Ançâr noch vor Hamza, 'Alí und
'Obeida ohne Erlaubniss gegen ihn vorgingen. Diese Frage zerfällt noch
in mehrere Unterabtheilungen, über welche wir, so Gott will, in der
Folge handeln werden.

Ein anderer Zweikampf fand statt am Walle von Medina, wo 'Amr
ben 'Abd Wudd dazu aufforderte.

Ein anderer bei Cheibar zwischen Marhab und 'Alí[2]).

Einen anderen Zweikampf erwähnt der Korankundige Ibn Manda

---

1) Vergl. *Ibn Hischâm* S. 575. Die Erzählung selbst findet sich bei Bochârí
und Muslim nicht, sondern die Worte der Überlieferung bei *Bokhari* par Krehl III.
S. 86 und *Muslim*, Bulaker Ausg. IV. S. 241. Calcuttaer Ausg. II. S. 175 »Gottes
Zorn entbrannte über einen Mann, welchen der Gesandte Gottes für seine Sache getödtet hatte«, werden von den Commentatoren auf Obeij bezogen.

2) Der erste ist der schon oben nach *Ibn Hischam* S. 67 erwähnte Zweikampf,
hier in anderer Ausschmückung wiederholt; bei dem zweiten bezieht sich der Verfasser auf *Ibn Ishâk*, indem kommt bei *Ibn Hischâm* S. 760 nichts davon vor, dass
auch hier 'Alí mit Marhab gekämpft und ihn erlegt habe.

9 *

in seiner Chronik von Içpahân[1]). Abdallah ben Bureik ben Warcâ er-
hielt von dem Chalifen Omar ein Schreiben mit der Weisung: Mar-
schiere nach Içpahân.   Er marschierte hin und der Fürst el-Fadusabân
kam heraus; als sie auf einander stiessen, sprach zu ihm der Fürst: ich
will deine Leute nicht tödten, tödte du auch die meinigen nicht, sondern lass uns beide kämpfen, wenn ich dich tödte, so kehren deine
Leute um, und wenn du mich tödtest, so werden meine Leute mit dir
Frieden schliessen. Abdallah willigte ein und der Fürst fragte: willst
du zuerst mich angreifen, oder soll ich dich angreifen? Abdallah erwiederte: greife du mich an.   Da stürzte sich der Fürst auf ihn, haute zu
und traf den hervorragenden Theil des Sattels, so dass er ihn zerbrach
und die Riemen am Halse des Pferdes und die Gurte durchhieb. Abdallah fiel herunter, stand aber sofort wieder auf den Füssen, schwang
sich auf das Pferd ohne Sattel und rief: steh! Der Fürst wandte sich
gegen ihn und sprach: ich möchte nicht gern dich tödten, denn ich sehe,
dass du ein tapferer Mann bist; kehre desshalb zu deinen Truppen zurück, ich will mit dir Frieden machen und dir die Stadt übergeben unter der Bedingung, wer will, kann bleiben, und wer will, kann gehen.

Einige Fragen in Bezug auf den, welcher einen Zweikampf
unternehmen will.

1. Frage. Wie muss der Ritter beschaffen sein, welcher zum
Zweikampf vorgehen will?

Antwort. Er muss das Herz auf dem rechten Fleck haben, eine
grosse Kraft besitzen, voll Verlangen nach seinem Feinde, äusserst vorsichtig sein, körperlich vollkommen gesund, behände mit seinem Thiere,
vollständig bewaffnet als Reiter auf dem Rücken des Pferdes, in allen
Waffen geübt, geschützt durch seine Kleidung und Rüstung, er muss
Geistesgegenwart, einen klaren natürlichen Verstand und viel Erfahrung
besitzen und die Jahre der Jugend schon überschritten haben.   Die

---

1) Vergl. *Beladsori* liber expugn. regionum ed. *de Goeje*. S 312.

Frage bezieht sich auf die Wissenschaft der Soldaten und wer das nicht weiss, der ist kein Soldat.

2. Frage. Wie soll der Ritter zu seinem Gegner zwischen die beiden Schlachtreihen hinausziehen?

Antwort. Er soll nicht rennen, wenn er zu seinem Gegner hinauszieht, —[1]).

3. Frage. Wie soll er sich verhalten, wenn zwei Reiter auf ihn los kommen, sich dann trennen und beide ihn angreifen?

4. Frage. Wie soll er sich verhalten, wenn einer von den beiden besser bewaffnet ist und ein behänderes Thier hat? welchen von beiden soll er zuerst angreifen?

5. Frage. Wie soll er sich verhalten, wenn einer von beiden mit der Lanze, der andere mit Pfeilen bewaffnet ist?

6. Frage. Wer muss sich angreifen lassen und wer muss zuerst den Angriff zu machen suchen? und wie ist dabei seine Bewaffnung?

Zehnte Unterweisung.

Über die Kriegslisten durch Anwendung von Feuer, Rauch u. d. gl.

In dieser Unterweisung habe ich die Kriegslisten von Alexander und anderen kundigen Männern wie Bariufâ[2]), Aristoteles und anderen gesammelt, es ist nützlich, dies zu wissen, es anzuordnen und damit zu operiren.

Erste List. Nimm gestossenen gelben Schwefel, thue ihn in einen خسبرة ڬ Wasserkrug mit grüner Glasur, thue dazu ebensoviel dunkle Naphtha, binde die Öffnung des Kruges fest zu und vergrabe ihn in frischen Dünger 40 Tage und tausche diesen um, so oft er er-

---

1) Ich habe es für genügend gehalten, nur die gestellten Fragen anzugeben, ohne die zum Theil sehr ausführlichen Antworten hinzuzufügen.

2) Ein entstellter nicht zu errathender Name.

kaltet, bis die bestimmte Zeit verflossen ist; dann nimm gestossenen
grünen Eisenstein, thue ihn in einen eben solchen grünen Krug, thue
dazu ebensoviel Urin von Knaben, binde den Krug fest zu, vergrabe
ihn gleichfalls 40 Tage in frischen Dünger und vertausche diesen, so
oft er erkaltet. Wenn du dann dies herausnehmen willst, so binde
dir die Nasenlöcher zu und nimm dich vor dem Geruch in Acht; und
wenn du es herausnimmst, wirst du finden, dass alles eine Masse geworden ist von schwarzer ins Grüne schlagender Farbe; auch der Eisenstein ist schwarz geworden wie verbrannt; nun kläre den Urin besonders und die Naphtha besonders durch ein Haarsieb und mische dann
beides zusammen in einem passenden Gefäss und thue dazu ebensoviel
alten scharfen Wein (d. i. Weinessig), als eins von den beiden Gefässen
enthält; dann stelle es zur Seite bis zu der Zeit, wenn es gebraucht
werden soll.

Zweite List. (Ein in ganz ähnlicher Weise bereitetes Mittel)[1].
Wenn du nun eine Burg oder eine Mauer von fester Bauart zerstören willst, so befiel den *zarrâkûn* Mischkrug-Schleuderern[2]) oder anderen, welche mit dieser Sache vertraut sind, das sie von dieser zubereiteten Flüssigkeit in صناجات (? Büchsen) füllen und diese nach dem Orte
werfen, welchen du zerstören oder verbrennen willst, dann befiel den
Naphthaschleuderern, dass sie Feuer werfen und wenn dann das Feuer
die Gerüche dieser Flüssigkeit riecht, nimmt das strahlende Licht desselben zu, setzt es in Flammen, man hört davon ein starkes Knattern
und heftiges Summen und sieht schreckliche Gestalten, deren Anblick
man nicht ertragen kann. Alles dieses wird ausgeführt, wenn man den
Wind im Rücken hat, und man muss sich hüten, dass er nicht von vorn
ins Gesicht kommt, sonst ist man unfehlbar verloren. Wenn dieses so
geschieht, so siehst du, wie die Festung zerstückt wird, ein Theil über
den andern schlägt und Stücke wie Berge herunterfallen mit einem Ge-
tose wie der Donner; und wenn sie von Lehm- und Backsteinen ist,

---

1) Uber die dabei angewandte Geheimschrift vergl. das Vorwort.
2) Vergl. S. 13.

siehst du sie in Zeit einer Stunde wie Staub zusammenstürzen. Bei
jedem Orte, der dir beschwerlich ist, wende diese zubereitete Flüssigkeit an und hüte dich, dass du selbst den Geruch davon riechst, sonst
wirst du zu Grunde gehn.

Wenn du die Burg menschenleer machen willst, so nimm zu der
zubereiteten Flüssigkeit Rebenholz, dann warte einen Tag ab, an dem
der Wind heftig ist, und befiel nun den Naphthaschleuderern über dies
Holz diese zubereitete Flüssigkeit zu giessen und schiess damit Naph-
tha-Pfeile ab. Sobald die Leute in der Burg den Geruch hiervon rie-
chen, kommen sie sämmtlich um, es wird nicht einer von ihnen gerettet,
ausser wer nichts davon riecht. Wenn das Thor von Eisen ist, so wende
dagegen diese Flüssigkeit an, zünde sie an, so wird es verbrennen und
augenblicklich zur Erde fallen.

[Es werden sechs ähnliche Mittel angegeben.]

Über die Räuchermittel.

Diese Mittel sind sehr nützlich in Engpässen, wenn Jemand den
Rauch riecht, stirbt er sofort auf der Stelle, und wenn Jemand etwas
davon vorsichtig auf Holz thut und dies dem Feinde zuschickt, so steigt,
wenn er es zur Bereitung der Speisen oder sonst benutzt und die
Flamme hinzutritt, ein Geruch davon auf, welcher jeden, der ihn riecht,
tödtet.

Erstes Räuchermittel. Man nimmt von dem Baume *el-kâkât*
die Zweige, Blätter und Wurzeln und besprengt sie mit Camel-Urin
drei Tage lang fortwährend, so oft der Urin trocken wird, wiederholt
man es täglich mehrere Male; dann nimmt man Mist von Camelen,
welche mit ausgepressten Ölkuchen gefuttert sind, zerreibt ihn sehr fein,
schüttet Camel-Urin darüber und lässt dies drei Tage lang in der Sonne
stehen, so dass sich ein starker Gestank entwickelt; während der drei
Tage wird der Urin, so oft er abnimmt, erneuert. Dann mischt man
sorgfältig حلتيت منتن *Asa foetida* darunter und rührt es mit einem Holz

um, dann mengt man das aus dem zuerst genannten Baum Hergestellte
nach und nach dazwischen, bis sich alles genau mit einander vereinigt
hat; hierauf nimmt man von den Wurzeln der Tamarinde etwas, nachdem der Baum so ziemlich vertrocknet war, streicht über die Wurzeln
etwas von dem zubereiteten Mist, so dass sie ganz davon umgeben werden, lässt es etwas trocken werden und bewahrt es auf. Wenn man
dann damit Feuer anzündet, so muss Jeder, welcher den Geruch davon
riecht, augenblicklich oder nach einem Tage sterben. Will derjenige,
welcher damit operirt, vorsichtig sein, damit es ihm nicht schadet, so
nimmt er zwei Lappen, tränkt sie mit Veilchenöl, nachdem Kampfer
und etwas Sandelholz in Rosenwasser zerrieben dazu gethan ist¹), dann
nimmt er das zum Räuchern zubereitete Holz theilweise d. h. eine Hand-
voll nach der anderen, und lässt es am Feuer anbrennen; auf diese
Weise riecht keiner diesen Rauch, er kann in seine Nasenhöhlen eindringen und einige Zeit sein Gehirn einnehmen, ohne dass er stirbt.

[Es folgen noch vier andere solcher Räuchermittel. Auf welche Eintheilung
sich die folgende Überschrift »Fünftes Capitel« bezieht, ist nicht ersichtlich.]

Fünftes Capitel.

Über die Vorbereitung zu einer Reise, Unterweisung für
unterwegs und Bequemlichkeit bei der Einkehr.

[Den näheren Inhalt von sechs Seiten glaube ich übergehen zu dürfen.]

Über Verwundungen.

Wenn eine Wunde frisch und nicht von grossem Umfange und
nicht tief ist, so muss man die beiden Ränder derselben genau mit einander vereinigen und zubinden und sich vorsehen, dass weder Salbe
noch Haare damit in Berührung kommen, denn dies verhindert, dass

---

1) Hier ist hinzuzudenken: und bindet sich diese Lappen vor die Nasenlöcher.

sie zuwächst. Wenn sie tief ist, so muss man ein Pflaster darauf legen, wovon das Fleisch wieder wächst, und muss dies ausfüllen und zubinden. Wenn sich die beiden Ränder der Wunde wegen der Grösse derselben nicht vereinigen lassen, so muss sie an einer, zwei, oder drei Stellen zusammen genäht werden, je nach dem Umfange, so dass die Ränder nicht mehr auseinander stehen; وإذا بُطِّطَت خراجًا und wenn sie auf gewöhnlichem Wege nicht geheilt werden kann, so muss man sie bis auf den Grund aufstechen, damit der Eiter nicht zurückgehalten wird.

Beschreibung eines Pulvers, welches den Schnitt mit einem Schwerdt, Messer u. d. gl. zusammenzieht und das Blut stillt. الوردت *Sarcocolla* zwei Theile, *sanguis draconis*, جلنار Granatapfelblüthe, بشور كندر Weihrauchrinde von jedem ein Theil, dies wird gemischt, durchgesiebt und aufgelegt.

Ein blutstillendes Mittel bei Wunden. صبر Aloe, Weihrauchrinde, von jedem zehn Drachmen, كزبر يابسًا getrockneter Coriander sieben Drachmen, زاج Kupfervitriol vier Drachmen, verbranntes Papier ebensoviel, *terra sigillata* sieben Drachmen, Drachenblut acht Drachmen, القلا Saft aus der Schote der spina Aegyptiaca und Saft von لحطيطاس *Casida* von jedem sechs Drachmen, Myrrhen zehn Drachmen, dies wird gestossen, Hasenhaare und Eiweiss genommen, das Mittel darauf gestreut und auf die Stelle befestigt, nachdem Spinngewebe darauf gelegt war.

[Fünf andere Mittel zu ähnlichen Zwecken.]

Über die Pflaster. Zur Verhütung von Blasenziehen beim Verbrennen mit Feuer, wird Gummi arabicum gestossen, mit Eiweiss zu einer Masse gerührt und damit bestrichen.

[Zwei andere Pflaster gegen Brandwunden.]

10

بسم الله الرحمن الرحيم رب يسر يا كريم

التعليم الثامن

في عقد الجيوش وجمعها ودولتها وامرائها وقوادها وعدد اجنادها

على الوجه الثامن الفاضلة من الوزن وما يتعلق بذلك

فنعلم من شرط الناظر على الجنود الحنة ان لا يجعل آحاد الامراء لاعدادهم مهملة ولا ضائعة منهم بل يحتاج في سياستهم الى انظر لهم وحفظهم تم للطوائف في ذلك قد حفظه الاوايل بانواع من الضبط على اختلاف بينهم فيه؛

الباب الاول من التعليم الثامن فيما يجب على الملك ان ينظر في امر الجيش وان يرتي امرى قايدا يكون اميرا مقدما جلدا بصيرا ذا تجربة وخبرة فيقلده امر الجيش وليكن هذا الامير تم النهضة كاف الجلادة سريع الاقدام قليل الضاياع غير مهمل لقليل النظر فيه فالقليل من الاخلل في حق العارض فساد لجهور الجيش لانه متى ساهلهم في شيء من العدد ربما اعاد بعض الامراء بعض الاعنه مرتين او ثلاثة وربما حلاهم بالضعيف وبالفرس الاعجف وغير ذلك مما يجب الاهتمام به اتم

الباب الثاني من التعليم الثامن فيما ظهرت فيه اللفظ واتصل به العرف واقبل من ذلك غريب اللفة فيه ونحن الان ذاكرون ذلك على رسومهم نذكرا يشتمل على استيفاه في اقتصار؛

الباب الثالث من التعليم الثاني في الفراسة فيما يستدل به على الرجل في جميع احواله، فلايل الشعر اللين يدل على الجبن والخشن على الشجاعة كثرة الشعر على البطن يدل على الشبق كثرة الشعر على الصلب دليل على الشجاعة الخ

دلايل الجبهة ــ الحاجب ــ العين ــ الفم والشفة والاسنان وغير ذلك ــ دلايل الوجه ــ الصحف ــ الاذن ــ العنف ــ الصوت والنفس والكلام ــ السمن والهزال ــ دلايل الظهر والبدن والقدمين ــ الجبان ــ الشجاع ــ الجيد الطبع ــ؛

٨

فصل في منزلة الملك والجيش في الحصار

ومنزلة كل واحد منهم في منزلته على راى الملوك المتقدمة

والتحرّز فيه•

فصل في شرح منزل السلطان والجيش ومنزل كل واحد منهم•

يحتاج الى ذلك في اخذ الحصون والقلاع وما اشبهها فان اخذ الحصون يحتاج الى اشياء لا بـد لـه
منها ولا يحل بشىء من ذلك ان الامير الموكل بذلك يكون رجلا ناهضا مجرّبا بصيرا محذفا على من
فيه من فطانة ومقاتلة يَصْطَلِح للنَّبَل وبوقفوذه على ما ينبغي العمل به وبوعدون اليه ابعادا شديدا
وبتقدمون اليه ابلغ التقدّم في الحذر والحفظ بعد الشحنة له بكل انه وعدّه تعين على الحصـار
اذا حصروا يعني عند الحاجة الى الدفع وشكى عند المناقضة على اوفر الحال وانّه واحكه من
القسى احكة الصنعة الوثيقة والنشاب والحصين والجراد والجنرى والنترسة والدرق والمكاتـل
صغرها وكبارها والجراد واثراكن والجنانيف والعرّادات والقاليع والقسى الهندية التي تبقى على
الندى والخندانية برامبها والجنارة المهيّاة لانواع الرمى والقذف والسلاليم بادواتها والة حديد
يقطع بها الاوهى وجمّازات مربّعت لوات قوائمر اربع ومعاول ومسلّد حتى ومرور ولوس وشعـار
وخطاطيف جمى يقدور لذوب الصفر والنفط والحل الحدى وادوات ينصبح بها الصفر المـذاب
ويرمى به النفط والنر والزفت والدار والحشب والحطب واصحب الحرف مثل البجّارين والسـرّاجين
والعرّاشين والنشّابين والحدّادين والصفّارين بعددهم والنجّارين والنقّابين وامر كل جماعة من هولاء
الى مقدّمتر وامر اقل الى المهندسين وامر المهندسين الى الامير الموكل بامر الحصار والخرّازين والاساكفة
واللبّادين وجميع ما يُسْتَفْتُ به في الحصون من المَون والاعلاف وبحتاج انه ما يقوت وبقوى واحراز
الخنادر والخنادى والفارقينت بحبهلتها وخرلها ومستنها وحواجرها واضارس والمراقب بحـرّاسهـا
ورُقبتها والبوّابين والابواب والمدتنع واصحابها والموكلين بها من الثقات وادمة الرجال في كل ناحية
وطرف وتذكية النيران الساطعة القثهلة الابدار وتوقيف كل رجل في موقفه على محله فهذه الاشياء
لا يحل بها ولا بشىء منها•

الرجالة التراسة	الرجالة بالترسة والرماح		
الرجالة التراسة	الرجالة بالترسة والرماح		
الرجالة التراسة	الرجالة بالترسة والرماح		
الرجالة التراسة	الرجالة بالترسة والرماح		
الرجالة التراسة	الرجالة بالترسة والرماح		
الرجالة التراسة	الرجالة بالترسة والرماح		
الرجالة التراسة	الرجالة بالترسة والرماح		

صاحب الميمنة	الجراح	العلوان		المحرمان	الدواة	العلوان		المقدمة كاملة
بدن الجوهر	صاحب البريد	اصحاب البريد		اصحاب البريد	اصحاب الاصبهبد	صاحب الساعة		ابناط معه
ابناء الملك	القيامهم				صاحب صاحب الساعة		

الحرس فرسان ورجالة

الطريق الى العسكر من وراء
عونه ثلاثون خطوة
والطول ما بلغ

| الحرس فرسان ورجالة |
| اصحاب الشرط |
| خزانة الخاص المتهجد |

ابتدا الملك	المشتري		صاحب الميسرة	صاحب صاحب الميسرة
مقدم اللسان	القاضي		الاحرار	صاحب الميسرة
الرزانية	قايد القلب		الفرسان	نفقة الطريق
	اصحاب تاييد القلب	صاحب المحل	اصحاب المشور	

الطريق الى العسكر من الميمنة
وراء الدين خطوة والطول ما بلغ

التعليم التاسع

فى تعبية الامير الصفوف فى القتل ،

فصل يجب على الملك ان يشاور الاكابر من الامراء وقابد الجيش فى امر الحرب كما قال الله تعالى وشاورهم فى الامر روى ابن اسحاق فى المغازى قال لما خرج رسول الله من وادى الصفراء وبلغ بمسير قريش اليه فاستشار الناس فقال ابو بكر فاحسنْ ثم عمر ثم فقال واحسن ثم قم المقداد بن عمرو فقال يا رسول الله امض لما امرت به فنحن معك والله لا نقول كما قالت بنو اسرائيل لموسى اذهب انت وربك فقاتلا انا ها هنا قعدون ولكن اذهب انت وربك فقاتلا انا معك مقاتلون فوالذى بعثك بالحق لو سرت بنا الى برك الغماد لجالدنا معك من دونه حتى تبلغه فقال رسول الله له خيرا ودعا له ثم قال اشيروا علىّ وانما يريد الانصار ولذلك انهم عدد الناس فقال سعد بن معاذ والله لكانك يا رسول الله تريدنا فقال أجلْ فقال سعد قد آمنا بك وصدقناك وشهدنا ان ما جيت به الحق واعطيناك على ذلك عهودا ومواثيقنا على السمع والطاعة فامض يا رسول الله لما امرت به فنحن معك فوالذى بعثك بالحق لو استعرضت بنا هذا البحر لخضناه معك ما تخلّف منا رجل واحد وما نكرهُ ان تلقى بنا عدوّنا غدا انا لصبر عند الحرب صدق عند اللقا لعل الله يريك منا ما تقرّ به عينك فسرْ بنا على بركة الله ، فسرّ رسول الله بذلك من سعد ونشطه وقوله ثم قال سيروا وابشروا فان الله قد وعدنى احدى الطائفتين والله لكانى انظر الان الى مصارع القوم قل عم فوالذى نفسى بيده ما اخطأنا مصارعهم ٠

وكانت الملوك الاوايل يعملون انواعا من التعبية فانها فى المكيدة العظمى فى امر الحرب ونشرع الان فيما ذكرته الاوايل من تعبية الجيش من عبر ان ازيد فى قولهم او انقص منه فصاحب السرى البصير باحوال الحرب اذا طالع هذا الكتاب وفهمه استعمل ما فيه من الصور واقترح منه اشياء اخر على قدر ما يحتاج اليه مصافه على اىّ لوع شاء عا يوافق الحالة التى هو فيها والحمد لله الذى علمنا ما لم نعلم فله الحمد والمنة على ذلك ٠

القسم الاول فى التعبية وفيه سبعة اشكل

نذكر بعض المتقدمين فى صفة الصفوف للقتل منها ان يجعل كل صف فى فصل يخصه وصورته

a 2

ومقامات اصحابه فى ذلك الشكل الهلالى وهو اجودُ الصفوف فيما كان المتقدّمون من ملوك الفرس يذكرونه وله صورتان احدهما الهلالى المرسّل ويُسمّى الأجمر وبستى ايضا الهلالى الحاد وهو الهلالى الذى يجْمَع قَوْسَىْ جنبّيه وساقته زاويتان حادّتان على شكل الهلال سوا بهذه الصوره

وهذا الشكل هو الذى يكون لكل قوس من صَفّىْ جنبّيه وساقبّيه طرفان منفردان ويكون طرفا القوس الاكبر يزيد على الاصغر بمقدار رُبع ما بين طرفى القوس الاصغر يكون الشكل بهذه الصوره

واىّ الصفين منهما كان الجيش محتاج اليه وهذذه قليل للبكثر هذذ الصفوف فى صدره وان يكون امر الاجاحة الحادّه والمتنشّره من اعيان الامراه وابصرم والوهم بالصبر والثبات والباس والنجده ويكون بينهم وبين المرتبين فى الكمين الى جانب الكشف رُبع ميل تقريبا والى ما يلى صف العدو مقدار ميل ويكون ميل مقدار ميل بين هذا الكمين وبين سهيمه الذى بتقدمه الى ناحية العدو مقدار نصف ميل ويجب ان يكون قوس الهلال الذى محدّوبه الصفوف المرسومة نصف الجيش مقدار ميل

ونصف الى ميلين ويكون بين صُدْر قوسه ووسط وَتَره رُبع ميل تقريبا او اكثر على ما يحتمله الجيش من التعويس والانفراج فى الطرفين ويكون بين قطع وتره وبين مقدم الطليعة الوسطى التى تليه مقدار ميل ويكون بين هذه الطليعة والطليعة الاولى مقدار نصف ميل ويكون مجمل الفرسان من الصفوف المقدّمة فيما بين وسَط قوسه ومقْنع وَتَره وعلى هذا الترتيب بقع زَحْف الـــصـــفــوف وتقدّمها على وجه لا يتغيّر ترتيبها عمّا فى عليه واذا واقعوا العدو بهذا الصف فلا تزال اصحـــاب القلب ثابتين فى مقاماتهم لا يتزحزحون فلمّا اصحاب الميمنة والميسرة فانهم يزحفون قليلا قليلا واما اصحاب اطراف الجناحين يزحفون اكثر من الذين يليَنَهُمْر قليلا مثله اذا زَحَف اصحبُ الميمنة والميسرة خَطْوَه زَحَف اصحابُ الاجنحة الحادّة خطوتيْن على احرافٍ الى داخل مقدار قَدَم ولصف الى داخل ويكون ذلك على اعتدال وَهَِّة حتى اذا اقترن العسكر الاعظم فيه بمثابلة من اطرافه يقع الثبات والنصمْت فيه الطلايع الى امراء الذرف الاقصى من الاجنحة واصحاب الصدر يعنى القلْب لا يتقدّمون خطوّةً واحدة الّا اذا بان انكشاف عسكر العدو فانه يزحف قليلًا برِفْق وذلك على نصف ما يزْحف اصحابُ الميمنة والميسرة والوقوف خيرٌ لهم ما كانت الحربُ مشتبكة او ترقب لها رَجْعَة او تخاف من كمين ولا يبرانون على الصبر والثبات واصحاب الجناحيْن يزحفون ما امْكنهم قليلا قليلا بحيث يظهر اَقُرّ تعدّمهمر الى ان ينتهى به الى ان يستدليروا على العدو حلقة بأصل الجيش وانصمام اصحاب الكمين وبحصُل العدوُّ فى اوساطهم فى اخلّوا بشىء ما ذكرته قد نظامُهم وتغيّرت صفوفهم الى غير ما فرضوه ولعلّه بتغيُّرُ وبعضُه جدّاً فليراع قيد الجيش هذا الترتيهب ويدور بنفسه عليهمر وبعرف المقدمين عليهمر حال التقلُّمر خطوا خطوة او خطوتيْن خطوتيْن يُعَرّفهم لذلك وبحثُهم على لذلك ويُشَجّعُهم على المقام والاقدام فى الاماكن، وبلغى ان الملك الظاهر لما صانّ التَّتَار عند دخوله قيصارية كان على هذه العسورة حتى احكام فى الحلّـــة وعتلهم المقتنلة المشهورة التى فى التواريخ ولم يمْنَعْ بثلها ولم يرَدْ الى هذه الّا كل بطل لُمجاع مقدام جرى لا يَهْب الموت بل يبيع نفسه لله عز وجل كما قال الله تعالى ان الله اشترى من المؤمنين اموالهم وانفسهم الاية فانه بُبَالِغُ فى العلم بهذه المَضافّ لانها أصول المكيدة فى الحرب والحيلة فى أخذ عدو الله والنصرة عليه ۵۰

أنشكل الثلث وهو شكل عظيم العدو كثير النفع كانت الخرس تستعمله واهل سفليّة لا يخلون به
فى معسكرهم وبلغ بهم الى مرادهؤ وذلك الصف يجب ان يكون دولة مثل عرضه مثل ان يكون طوله
ميلين وعرضه ميلا وهذه صورته ثنى فى الصفحة الثانية ان شاء الله تعلىؤ

واما اراد ان يكون ذوله مثل عرضه مرتين مع تصمينه مربّعً وهو شكل من اشكل الطليس يعلا له
مربّعؤ قدّر الزوار مختلفا لجعلوا عرضه مقدم الخيل وبحتاج ان يكون اعداد الصفوف فى الطول مقام
الخرس عرضه مثل نصف مقدمه نزولاً فاذا فرض على ما ذكر خرج تعديل الصفوف مربّعًا بالسويّة فى
بنّيه وهذا الصف لا يصرّه صف العدوّ واذا كان خلائب الآ ان يكون صف العدو اوسع وعسبيل
صاحب النظر فى العسكر ان يتقدّم الى اصحاب الكين الاعلى ان :خرجوا من اخر طلول الصف
مقدار ما يقابل ذرّف جناح صف عسكر العدو وقد يكون ذلك فى التقريب نصف ميل او ربع
ميل ولا يزيد فى الغالب حتى يحتاج الى ان ينتهى الى ميل بالاصافة الى ما فرّضناه من ان يكون
امتداد احد الجيشين ميليّن فيزيد عليه مثليّه من الجانبين كان اين ذلك فى بعض الاحـوال
فسبيل مدبّر الجيش ان يجعل كمنّاء الاطراف ثلاثة اقسام او اربعة او خمسة مقدار ما تقطا
اليه الحاجة وان تمّت الى اكثر من ذلك جعله حتى لو احتاج ان يجعل الكمناء نصف الجيش
فعل ذلك واستظهر فيه وجعل بين الكين الاول الذى يلى عسكره وبين عسكره فى سمت طوله
ربع ميل وبعده الى قدّام نصف ميل ثم الكين الثانى الذى يلبه بخرج عند ذات اليمين زباده ربع
ميل وبتقدّم فرقه الى قدّام مقدار نصف ميل او اكثر من ذلك ان امكن ذلك من كل جانب فهذا يحصل
الحراسة الثذتّة لهذا الصف ويكون امرآوه بملعامه صفا مستديرا حوله على ما رسّمناه ويكون فى
صدر القلب رحبة مثل لصف قوس صغيرا يكون فيها قايد الجيش يحرص الجيش على القتال
ويكون منظم من الملك ليشرف على حال الجيش وبين بدبه جماعة من الخلع والاموال والخيـول
وغير ذلك فيما بينه وبين قايد الجيش فى وسط الجبيش فى تلعسيم القلب لا يحول بينه وبين
قايد الجيش الذى فى قلب الخرس حايل ليشاهد اصحب العنا والمسحقين للصلات وغير ذلك
وربما يقطم الملك الى ان يطلع على احوال الجيش وأن يقف فى صدر العرس لتقوى به نفـوس

اصحاب الصفوف فى الجنبين ومن يَنزلون فى الصفوف المنفطرة دريما يكلمهم بنفسه ويشاجعهم ويبعدُهم الحُسنى من الله فى الاخرة ومنه بالخلع الشَنِيَّة وان يخُدُم بدتايفة بعد طايفة وزمَرة بعد أخرى واذا اصاب بعض الكبناء ضعف امدُم من غير ان يخُلوا مكانهم ومعاونة الكبناء وغير ذلك من الاحوال الماجدّدة وذلك ما يُغوى نفوسهم ويشدّ ازرَهم منطها منه،

الشكل الرابع من التعبية وه يُصَفُ فى الحرب فذا الصف لانه فى الجود والاستظهار فى انعوّا اصف الموسوم بالصف الذُّبَّال عرضه فى العاده فى مقدار صف سَفَيْه وصف سَفَيْه مثلى ضلّ صف جنبيه وهو براد لتخفيه تارة تُخفية حيزره على الاعداء وتارة لاطهار انعلّة فى صَكْره وتارا لغير ذلك ورسِمَه على ملده الصورة

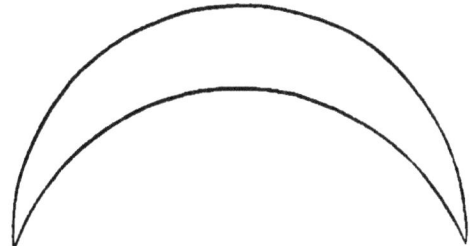

وفذا الصف تمّ الاستظهار وخصوصا اذا كان قد أحذل على العدو فيه رأس دَرْب من السدروب وسبيل فذا ان يكون كمناوْه المقدمة اكثر من الاوايل وبجب ان يكون خروج الكبين الاول من احد جانبيه من لهاية حيف جنبُيْه مقدار نصف ميل وبفدّمه الى فُدُام نصف ميل وبعتمد فى ذلك ان يكون آخر كمناّئه زايدا فى مقامه على سمى أُخر صف ساقة جنبيه وسبيل فذا الصف ان يستتر فه من الكبناه مهما امكن ولو رجعل الكبناة فى فذا الصف على عدد صف مرّتين قالوا الثلثين لَان جايزا او اكثر نَفْعا واحدا وفذا الصف فى نظامه بغارب غُعْنى الصف الهلال فى بنآده،

الشكل الخامس من التعبية ايضا شكل المعين وصف يكون طويلا مغوُّا وفذا الصف يكون فليل

فصل فى منزلة الملك والجيش فى الحصار

ومنزلة كل واحد منهم فى منزلته على راى الملوك المتقدمة

والتحوز فيه ٬

فصل فى شرح منزل السلطان والجيش ومنزل كل واحد منهم ٬

يحتاج الى ذلك فى اخذ الحصون والفلاع وما اشبهها فان اخذ الحصون يحتاج الى اشياء لا بـد له
منها ولا يخل بشىء من ذلك ان الامير الموكل بذلك يكون رجلا ذهنا مجزيا بصيرا مجذما على من
فيه من فلائك ومعدلتك يبضلنى للمذل وبولفخذه على ما ينبغى العمل به ويوعدون انيه ابعادا شديدا
ويتقدمون اليه ابلغ التقدم فى الحذر والحفظ بعد الشحنك له بكل انك وعذا تعين على الحصـار
اذا حصروا يعنى عند الحاجة الى الدفع وشكى عند المناقضة على اوفر الحال وانك واحكه من
العسى المحكة الصنعة الوثيقة والنشاب والحسبان والجراد والجزرى وانترسة والدرى والمكاتـل
صغارها وكبارها والجراد والمراكن والمجانيف والعرادات والقالبع والعسى الهندبة التى تبعى على
الندى والدودانية برامبها وأنجارة المهبأة لانواع الرمى والقذف والعدد بادواتها والة حديد
يقطع بها الاوذى وجمازات مربعات لوات قوايم اربع ومعامل ومسلك حى ومرور ودلوى وشمـار
وخذننيف حمن وقدير لذوب الصفر والنفط والمحل الحادى وادوات ينصرع بها الصفر المـذاب
ويرمى بها النفط بالذار والزفت والغار والخشب والمجلب واصحاب الحرف مثل النجارين والسـراجين
والحراشين والنشابين والحدّادين والصقارين بعددهم وانجارين والنقذبين وامر كل جماعة من هولاء
الى معقَّمهم وامر الحل الى المهندسين وامر المهندسين الى الامير الموكل بامر الحصار والخزازين والاساكفة
واللبّادين وجميع ما يُستنفذ به فى الحصون من المؤن والاعلاف ويحتاج اليه عا بلغت وبلغوى واحراز
الغنظر والخنادى والغارقيذدت جميعناها وشرلها وسترها وحواجزها واطارس والمراتب بحـرّاسهـا
ورقبتها والبرآبين والابواب والمحاتنع واصحابها والموكلين بها من الثفات واقامة الرجال فى كل ناحية
وطرف وتذكية النيران السلطعة القثيفة الابدار وتوقيف كل رجل فى موقفه على عمله فهذه الاشياء
لا يخل بها ولا بشىء منها ٭

الرجالة القراسة		الرجالة بالترسة والرماح		
الرجالة القراسة		الرجالة بالترسة والرماح		
الرجالة القراسة		الرجالة بالترسة والرماح		
الرجالة القراسة		الرجالة بالترسة والرماح		
الرجالة القراسة		الرجالة بالترسة والرماح		
الرجالة القراسة		الرجالة بالترسة والرماح		

المقدمة ومن عناصرها

الاجناد المطلعة ومادة

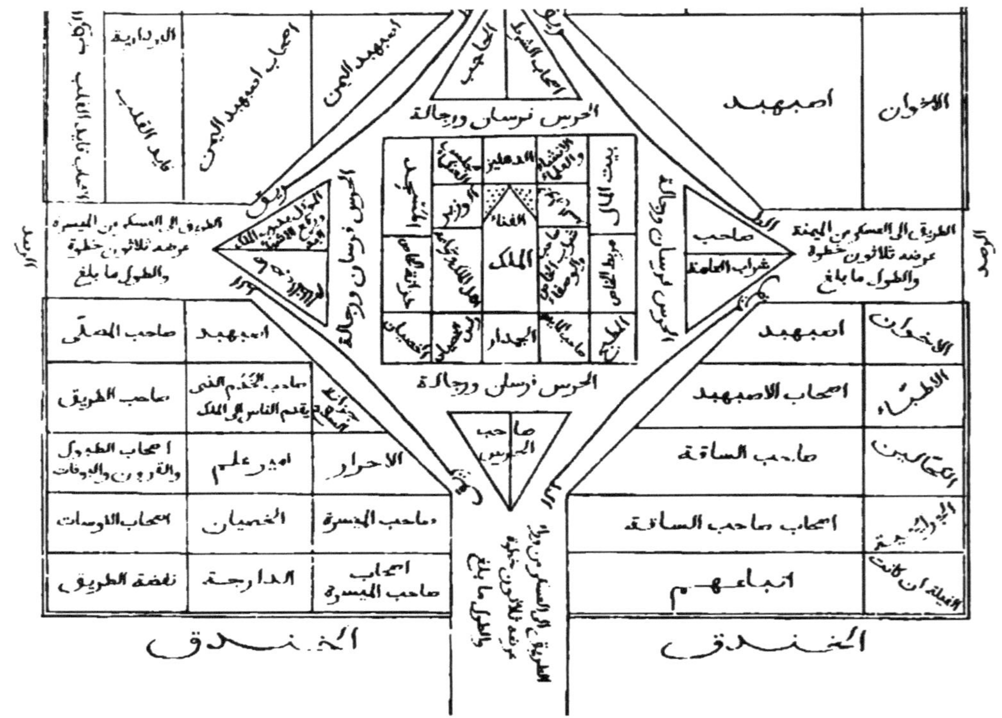

الخندق
الخندق
الاخوان
اصبهبد
اصبهبد اليمن
اصحاب اصبهبد اليمن
قايد القلب
اصحاب قايد القلب
الحاجب
اصحاب الشرط
الحرس فرسان ورجالة
الحرس فرسان ورجالة
الحرس فرسان ورجالة
الحرس فرسان ورجالة
الملك
الفناء
الدهليز
الوزير
بيت المال
الجدار
الطريق الى العسكر من الميمنة عرضه ثلاثون خطوة والطول ما بلغ
الطريق الى العسكر من الميسرة عرضه ثلاثون خطوة والطول ما بلغ
الطريق الى العسكر من وراء عرضه ثلاثون خطوة والطول ما بلغ
صاحب شراب العامة
صاحب الحرس
اصبهبد
صاحب المصلى
صاحب الطريق
اصحاب الطبول والقرون والبوقات
امير علم
الاحرار
الخصيان
نفضة الطريق
الدارجة
اصحاب صاحب الميسرة
اصحاب الاصبهبد
صاحب الساقة
اصحاب صاحب الساقة
اتباعهم

التعليم التاسع

فى تعبية الامير الصفوف فى القتل ؛

فصل يجب على الملك ان يشاور الاكابر من الامراء وقبيد الجيش فى امر الحرب كما قال الله تعالى

وشاورهم فى الامر روى ابن اسحاق فى المغازى قال لما خرج رسول الله من وادى العقراء وبلغ مسير

قريش انه فاستشار الناس فقال ابو بكر فاحسن ثم عمر فعل واحسن ثم قم المقداد بن عمرو

فقال يا رسول الله امض لما أمرت به فنحن معك والله لا نقول كما قالت بنو اسرائيل لموسى اذهب

انت وربك فقاتلا انا هاهنا قعدون ولكن اذهب انت وربك فقاتلا انا معك مقاتلون فوالذى

بعثك بالحق لو سرت بنا الى برك الغماد لجالدناك معك من دونه حتى نبلغه فقال رسول الله له خيرا

ودعا له ثم قال اشيروا علىّ وانما يريد الانصار وذلك انهم عدد الناس فقال سعد بن معاذ والله

لكانك ما رسول الله تريدنا فقال أجل فقال قد آمنّ بك وصدقناك وشهدنا ان ما جئت به

الحق واعطيناك على ذلك عهودا ومواثيقها على السمع والطاعة فامض يا رسول الله لما أمرت به فنحن

معك فوالذى بعثك بالحق لو استعرضت بنا هذا البحر لخضناه معك ما تخلّف منا رجل واحد

وما نكره ان تلقى بنا عدونا غدا انا لصبر عند الحرب صدق عند اللقا لعلّ الله يريك منا ما تقرّ

به عينك فسر بنا على بركة الله فسرّ رسول الله بذلك من سعد ونشط ثم قال سيروا وابشروا

فان الله قد وعدنى احدى الطائفتين والله انظر الآن الى مصارع القوم قال هم فوائدى نفسى

بيده ما اختلأوا مصارعه ۞

وكانت الملوك الاوائل يعملون انواعا من التعبية فانها فى الكيمدة العظمى فى امر الحرب ونشرع الآن

فيما لذكرته الاوائل من تعبية الجيش من غير ان ازيد فى قولهم او انقص منه فصاحب اترى

البصير باحوال الحرب اذا طالع هذا الكتاب وفهمه استعمل ما فيه من الصور واقترح منه اشباء اخر

على قدر ما يحتاج اليه مصافه على اى نوع ما يوافق الحالة التى هو فيها والحمد لله الذى

علمنا ما لم نعلم لله الحمد والمنة على الملك ۞

القسم الاول فى التعبية وفيه سبعة اشكال

لذكر بعض المتقدمين فى صفة الصفوف للقتال منها ان يجعل كل صف فى فصل يخصه وصورته

۞ ۲

ومعاملات اصحابه في ذلك الشكل الهلالي وهو اجودُ الصفوف فيما كان المتقدّمون من ملوك الفرس يذكرونه وله صورتان احدَهَا الهلالي المرسَل وبُـتَّهى الأجمر ويسمّى . ايضا الهلالي الحاد وهو الهلالي الذي يَجْمَعُ قَوْسَيْ جنبَيْه وساقَته زاويتان حادّتان على شكل الهلال سوا بهذه الصورة

وهذا الشكل هو الذي يكون كلُّ قوس من صُفَّيْ جنبَيْه وساقته طرفان منفردان ويكون طـرفا القوس الأكبر يزيد على الأصفر بمقدار رُبع ما بين طرقي القوس الأصغر يكون الشكل بهذه الصورة

ورأى الفريقين منهما كان الجيش محتاج اليه وهذذه قليل للبُكَتِر هذذا الصفوف في مصـدره وان يكون امر الاجاحَة الحادّة والمتنشرّة من اعيان الامراه وابصرهم واقومهم بالصبر والثبات والباس والنجدة ويكون بينهم وبين المرتبين في الكمين اليه جانب الكشف رُبع ميل تقريبا والى ما يلي صفّ العدو مقدار ميل ويكون بين هذا الكمين وبين سهيمه الذي يتقدمه الى ناحية العدو مقدار نصف ميل ويجب ان يكون قوس الهلال الذي محويه الصفوف المرسومة لصف الجيش مقدار ميل

ونصف الى ميلين ويكون بين صُدَر قوسه ووسط وَتَرِه رُبع ميل تقريبا او اكثر على ما يحتمله الجيش
من التعريس والانفراج فى الطرفين ويكون بين قطع وتره وبين مقدم الطليعة الوسطى التى تليه
مقدار ميل ويكون بين هذه الطليعة والطليعة الاولى مقدار نصف ميل ويكون مجال الفرسان من
الصفوف المقدّمة فيما بين وسط قوسه ومَقْطَع قوسه وَتَرِه وعلى هذا الترتيب يقع زحف الــصــفــوف
وتقدّمها على وجه لا يتغيّر ترتيبها عَمَّا فى عليه واذا واقعوا العدو بهذا الصف فلا تزال اصحاب
القلب ثابتين فى مقاماتهم فاذا اصحاب الميمنة والميسرة فلهم يزحفون قليلًا قليلا واما
اصحاب اطراف الجناحَيْن يَزحفون اكثر من الذين يلُونَهُمْ قليلا مثله اذا زَحَف اصحبُ الميمنة
والميسرة خطّوا زحف اصحاب الاجنحة الحادّة خطوَتَيْن على اعراف الى الداخل مقدار قدم ولصف
الى داخل ويكون ذلك على اعتدال وَهُدْنة حتى اذا اقترن العسكر الاعظم فيه بطابقة من اطرافه
وقع الثبات والصمتْ فيه التطلابع فى الجوانب الى امراء الطرف الاقصى من الاجنحة واصحاب الصدر
يعنى القلْب لا يتقدَّمون خطوًا واحدة الأ اذا بان انكشاف عسكر العدو فانه يزحف قليلًا برفقِ
وذلك على نصف ما يَزْحَف اصحابُ الميمنة والميسرة والوقوف خيرٌ لهم ما كانت الحرب مشتبكة او
ترقب لها رَجْعَة او تخاف من كمين ولا يزالون على الصبر والثبات واصحاب الجناحَيْن يزحفون ما
امكنهم قليلا قليلا بحيث لا يظهر أثرُ تقدَّمهم الى ان ينتهى به الى ان يستديروا على العدو
حلقا لأصل الجيش وانصمام اصحاب الكين وجَعَلُ العدو فى اوسطهم لئى أخلُّوا بشىء مما ذكرته
فسد نظامُهم وتغيّرت صفوفهم الى غير ما فرضوا ولعلّه يتغيّر ولربما يَفْسُدُ جدًّا فليراع قائد الجيش هذا
الترتيب ويدور بنفسه عليهم ويعرف المقدمين عليهم حال التقدُّم حال التقدُّم خطوة خطوا او خطوتين
خطوتين يُعَرِّفهم لذلك وحضُّهم على لذلك ويُشَجِّعُهم على المقام والاقدام فى الاماكن، وبلغنى ان
الملك الظاهر لما ساق التتار عند دخوله قيصاريّة كان على هذه الصورة حتى اخدلام فى الخلْعَة
وتعلّم المقاتلة المشهورة التى فى التواريخ ولم يُسْمَح بمثلها ولم يَنْدَ الى هذه الأ كل بذل لمجناع مقدّام
جرى لا يَهَاب الموت بل يبيع نفسه لله هو رجل حكما قال الله تعالى ان الله اشترى من المؤمنِـين
اموالهم وانفسهم الاية فانه يُبَالِغ فى العلم بهذه المَّناف لانها أصل المكيدة فى الحرب والحيلة فى
أخذل عدو الله والنصرة عليه ٥.

الشكل الثلث وهو شكل عظيم القدر كثير النفع كانت الفرس تستعمله وأهل سفليّة لا يخلون به
فى مصافهم وبلغ بهم الى مرادهء وذلك الصف يجب ان يكون دؤله مثل عرضه مثل ان يكون ضؤله
ميلين وعرضه ميلا وهذه صورته ثنى فى الصفحة الثانية ان شاء الله تعالى٭

واما اراد ان يكون دؤله مثل عرضه مرّتين مع تضعيفه مربّعًا وهو شكل من اشكال اقليدس بعلّ له
مربّع قدرّ الزوابا مختلفة فجعلوا عرضه مقدم الخيل وبحتاج ان يكون اعداد الصفوف فى الطول مقدم
الفرس عرض مثل فيص نصف مقدم دؤلا فاذا فرض على ما دهر خرج تعديل الصفوف مربّعًا بالسوية فى
بنائه وهذا النصف لا يحترزه صفّ العدوّ واذا كان فلابُ الّا ان يكون صف العدو اوسع فسبيلُ
صحب النظر فى العسكر ان بتقدّم الى الصّف الكين الاعلى ان يخرجوا من اخر دؤل الصف
مقدار ما يدابل ذرّف جناح صف عسكر العدو وقد يكون ذلك فى التقريب نصف ميل او رُبع
ميل ولا يزيد فى الغانب فى بحتاج الى ان ينتهى الى ميل بالاضافة الى ما فُوّضناه من ان يكون
امتداد احد الجيشين ميلفن فيزيد عليه مثليه من الجانبين كان ايّن ذلك فى بعض الاحــوال
فسبيلُ مدبّر الجيش ان يجعلَ كمنآء الاضراب ثلاثة اقسم او اربعة او خمسة بعلّدار ما تقضوا
اليه الحاجة وان نعتّ الى اكثر من ذلك من جعله حتى لو احتاج ان يجعلَ الكُمنآء نصف الجيش
فعل ذلك واستظهر فيه وجعلَ بين الكين الاول الذى يلى عسكره وبين عسكره فى سمى طؤله
ربع ميل وبعده الى قُدّام نصف ميل ثمّ الكين الثانى الذى يليه يخرج عند ذات اليمين زيادة رُبع
ميل وينتظمّ فوقه الى قُدّام مقدار نصف ميل او اكثر ان امكن ذلك من كل جنب فهذا يحصل
الحراسة التنّة لهذا الصف ويكون امرآوه بعلامة صفّا مستديرا حوله على ما رتّبناه ويكون فى
صدر القلب رحبة مثل لصف قوس صغيرا يكون فيها قائد الجيش يُحرص الجيش على القتال
ويكون ينظّر من الملك ليشرف على حل الجيش وبين يديه جماعة من الخلع والاموال والخيول
وغير ذلك فيما بينه وبين قائد الجيش فى وسط الجيش فى تقسيم القلب لا يجعل بينه وبين
قائد الجيش الذى فى قلب الفرس حابل ليشاهد الصّب العنا والمستحقين للصلات وغير ذلك
وربا يقدّم الملك الى ان يقف على احوال الجيش وأن يقف فى صدر الفرس لتقوى به نـفــوس

اصحاب الصفوف فى الجنبين ومن بَتلزم فى الصفوف المتفاطرة ورى يكلمهم بنفسه وبشاجعهم ويمدهم الخشنى من الله فى الاخرة ومنه بالخلع الـسـنـيّة واى يعدّم بـضـيفة بعد طـايفة وزمرة بعد أخرى والا اصاب بعض الكفاء ضعف امدّم من غير ان تخللوا مكانهم ومعاونة الكفاه وغير ذلك من الاحوال المتجددة وذلك عا يَقوى نفوسهم ويشدّ ازرهم منها منها ،

الشكل الرابع من التعبية ود يُصَفّ فى الحرب فذا الصف لانه فى الجود والاستظهار فى انفوا الصف الموسوم بالصف النُفاق عرضه فى العادة فى مقدار صف ساقَيْه وصف ساقيه مثلى طول صف جنبيه وهو يراد لتخفية تارة نخفية حزره على الاعداء وتارة لاظهار الفِلّة فى صُدْره وتارة لغير ذلك ورسمه على هذه الصورة

وهذا الصف تمّ الاستظهار وخصوصًا اذا كان قد أخذ على العدو فيه راس درب من الـدروب وسبيل هذا ان يكون كمناوّ المقدمة اكثر من الاوايل وبجب ان بكون خروج الكين الاول من احد جالبيه من لهاية حيهب جنبّيه مقدار نصف ميل وبقدّمه الى قُدّام لصف ميل وبعتمد فى ذلك ان يكون آخر كمناه زايدا فى مقابه على حين أخر صف سانة جنبيه وسبيل هذا الصف ان بستتر فيه من الكفاه مهما امكن ولو جعل الكفاه فى هذا الصف على عدد صفه مرّتين قالوا الثلثين كان جايزا او اكثر نفعًا واحدًا وهذا الصف فى نظامه بقارب عكس معّنى الصف الهلالى فى بنائه ،

الشكل الخامس من التعبية ايضا شكل المعين وصف يكون طويلا مقوّسًا وهذا الصف يكون قليل

العرص تام الطول وهو من اسهل الصفوف ترتيبا وابعدها من التغيّر عند الاضطراب والانـــقــلاب وعليه يكون جمهور الصفوف فى زماننا هذا الّا انه قل ما يحتاج الى كثير مُرَتّب مجرّب فى المقام ولها الوقوف فيه داعية المحل فى الجملة وهذه صورته

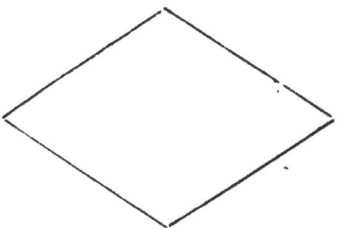

وهذا الصف فيه نفعٌ كبيرٌ لارهب العدو بامتداد طوله وبذنه بكثرة العدد وهذا فوز وكمنالُو اقل من غيره ولو كثروا فالصواب ان يعملوا ثلاثا فيكون الثلث مقدمة فى اربعة مواضع وثلثهم الثانى فى مجنبى أرساط العسكر فى موضعين وثلثهم الباق وراء الساقة فى ثلاث مواضع فى ركبى صف الساقة وأوسطه وان اختاروا ان يكون كل الكناه ثلث كل العسكر جاز وان اقتصروا على ان يكون ربع العسكر جاز ولا اقل من ذلك وقد يُنخل هذا الصف عند كثرة العدو الى غاية ان يظهر من المسلمين الفشل فيتشاجعون وينبسطون هذا انبسط حتى تلقى نهمتهم بالبساطهم ويوقبهم العدو بذلك ولا يكون عرصهم اقل من متابعة ثلاثة جبوش وما لم يزدادوا على ذلك فرسانا ويكون معهم مثلهم من الرجلة والخيل فتكون الجملة ستة صفوف لستة امراه وقد يتصل مثل هذا صف مع الكثرة والقوة لشهمين احدُها ان يأخذ اصحاب العسكر على العدو بجامع الخارى من جهة اليمين وتشمل بامتداده والثانى ربما كان امتداد العدو امتداد السهل ويلصف طرّفا للجيش من جنبيه بالحزون واطراف الجبل والخشونات ولى حفظ مثل هذا صلاحٌ كثيره

الشكل السادس من التعبية ومن الصفوف صفٌ يقال له المستطيل ويكون طوله اقل من عرصه جدّا مثل ان يكون مقدار صف جنبيه ميل ومقدار صف عرصه ستة اميال او اكثر وهذا الصف صَعْبُ

المعروف بشدّةِ المعين ومنفعته كثيرة اذا كان حائطا لدَرْب من الدروب ولو كان عنده كمائنه اكثر من كمنه الجميع لكن جدًّا نافعًا فى الغابة لاصحابه وكذلك اذا ارادوا ان يكونوا عمّا يلى العدو اكثر مثل ان يكونوا ثلاثة ارباعهم عمّا يلى عسكر العدو وربعهم الباقى معهم خمسة اقسام فى كمنه الّمجدة احدها عن اليمين والاخر عن اليسار واثنان فى زاويتى صف الساقة والخامس فى مقابلة امير الساقة فى الوسط ويكون خروج اول كمين من كل جانب من جوانب فاذا العسكر ما يلى العدو وزايدًا على ذرف صف الجبين بمقدار ميل جنتقدمه بمقدار ميل وعلى مثل ذلك حتى يكون الكمين قد زادوا على تُفرّق صفّ جبين عسكر العدو وليس لهذا الصف عديلةً تّخالف الّا اذا دخلهم الفشل والانكسار والهزيمة فانّ فَمنه يمتدأُ لا يتمكله بوُجّه من الوجوه وتفيم اضطرابه فَساد لا حدّ فى نفوسهم جدًّا فليحذر من استعمله فى مثل ذلك ٭

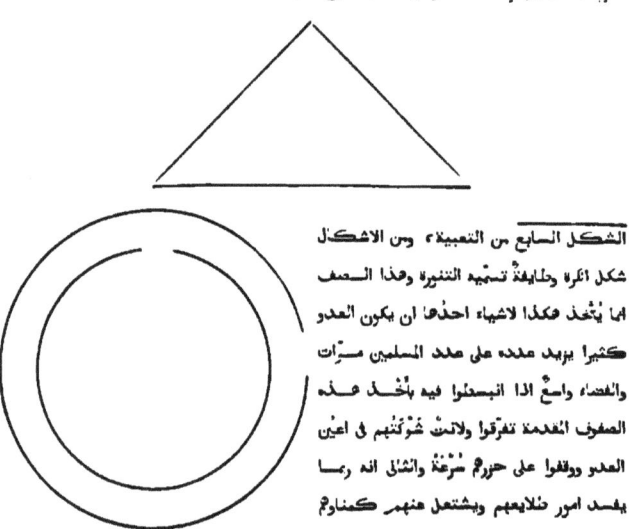

الشكل السابع من التعبيئة٭ ومن الاشكـال
شكل ائرة وطابقة تسميه التنوره وهذا الـصف
اما يُتّخذ فكذا لاشياء احدها ان يكون العدو
كثيرا يزيد عدده على عدد المسلمين مـرّات
والفضاء واسعّ اذا انبسطوا فيه بلّخـذ هـذه
الصفوف المقدمة تفرقوا ولانت قوّتُنهم فى اعين
العدو ووقفوا على حزرُهم شُرعةٌ واثلى انه ربمـا
يبسد امور ثلائيعهم ويشتعل منهم كمنارُهم

بكثاه العدو وما اشيَّد للك فيحتاجون الى التفاء الحرب من كل جانب فتنعقد صفوفَم على صـده الممورة نيكــونَ أسْلم لهم من كل الجوانب وامكن لهم فى التظافر والتظاهر وكذا الصف البيْنّ الصفوف واضعفها واقلُبا عدلًا فى نفسه وكمنته واكثر ما بتصف اذا لجمع جيوش المسلمين فى بلاد العدو واغرقوا فى الهاجيم عليهم فيصيرون فيهم وصفًا فيحتاجون الى القتال والحراسة من جميع جوانبهم والله اعلم ✿

القسم الثانى

فى الصفوف واسمتها واعدادها على قيل المتقدمين

نَشْرَعُ الان فى شرح الصفوف وعددها وغَبّأتِيم، على ما ذكر البَاليُس فى كتابه اول ما بنبغى ان يَقصد الى معرفة تعبية الحروب انه اذا حضر الانسان كثيرًا من الجند لا تَعْبِيَةُ لهم ولا نظم امكنه ان ينتخبهم ويرتّب كل واحد منهم فى الموضع الذى بليف به أغلى فى الصفوف التى مرّ ذكرها فى الفصول المتقدّمة حتى تصير لهم قَيْتَة ملجحة حسنة، وان كثيرا من الجند عند القتال لا يَعْلم كيف يَقف وابن يَقف هذا ومنه من تجاوز سِنُه الحمسين والستين ولا بر مصافًا ومع ذلك ان منه من يَشتى كلّ يوم خمس صلوات ولا يَحْسن الوقوف فى الصف للقتال وكيف حال مَنْ عُمْرَه ما راى صف جيش فيجب على كل ذى غَفل وفهَم انه بتعلم هذا العلم حتى بقاتل اعداء الله تعالى لقوله صلعم من مات ولا يُحَدّثْ نَفسه بالغزو لقد مات على شُعْبَة من النفاق رواه الشهان فى الصحيحين لانَّه بأهل اقطاعه لاجل علمه بذلك عند حاجته البه حتى ينفع المسلمين به وان لا يَغْم ما شُرِطَ عليه فى الَّرزُقة التى اُتِّبِتْ عليه بديوان الجيش والَّا الاقطاعه حَرَامًا أحْرَم من لحم الميْتَة ولحم الخنزير فتعلم علم التعبية من اكبر المنافع للمسلمين فوجب عليه علم ذلك حتى يعلم عند القتال،

ولذلك ان تعبية العسكر عند المسير فى وقت الرحيل وعند المواقفة دفع جدًا فى الظفر فقد
وجدنا فى التواريخ كثيرا من العساكر غلبت من عساكر قليلة بادن الله وحرمت لسؤ تعبيتهم
وحسن تعبية هذا كما قال الله تعلى كم من فئة قليلة غلبت فئة كثيرة باذن الله والله مع
الصابرين وكما جاء فى الحديث كما تقدم وكما عن خالد بن الوليد رضى الله عنه موتة والروم
كانوا مئة الف ومعهم من نصارى العرب مائة الف والمسلمين ما بين الثلاثة الاف الى اربعة الاف
ولم يـنالـوا الغار منهم شيـئـا بعد تعبية خالد حتى قل انهى صلمو كما تقدم،

والذى جرّبه الناس من صناعة التعبية ونعلم بحركات الحرب واما بوليبيس فزعم ان حدّها معرفة
الانسان باخذ جماعة من الجند ويجوزهم ويرتب صفوفهم ويعلمهم كيف يكونوا فى حالة الانعطاف
يمنة ويسرة حتى يبقى ذلك لهم عادة،

كل جامع هذا الكتاب ان ما ذكره بوليبيس هو أصل الذاوردات الذى جعلوه المعلمين حـتى
يحصل بها العلم للمحارب حتى جعلوها المعلمين ملعبة ومائكة فلم جعلوا كذلك خرجت عن ان
تكون لله خالصة بل بقيت للصحبين لاجل ذلك نسبت ولم يعلمها الا القليل والقليل غير معلم
الاصل عندهم فلو علموا وعلموا لله تعلى لينفعوا على عدو الله خنصا من غير تكلـب عـوّض من
الخلوق وكان ذلك خيرا كثيرا لين اراده او فهمه فى دنياه او اخرته ه

فصل ذكر بعض المتقدمين انه لا بد من اجتماع وانضمم يكون مفروضا من قيد الجيش لا يجوز
له ان ينفك واحد منهم عن قرنّه بحل من الاحوال وقد ذكر بعض المتقدمين اقل عدد يكون
لهم فكقبت ضايفة من ملوك الاوايل الى انه يجب ان يكون اقل عدّة ما ينصم باسم يختص بها
سمّة انفس ودليلهم ان السمّة عدد تم فلا يكن اقل من ذلك وقل اخرين بل اقل عدد يكون
عشرة وقل اخرون بل يكون من اثنى عشر نفسا وقل قيم منهم لا يكون اقل من ستة عشر نفسا
والذى اراه ان يكون ثمانية فان اهل زماننا تركوا الجدّ فى كل شى فكيف هذا لانه كثيرا لان
يثقل الصف ستة عشر يكون منها ثمان فرسن مقتلة وثمانية حشو بالعزل اللمين بعبون من
خلف مع النهم يرمون بالشبازك والقذليع والسهم وغيرهم وبعدهم الغلمان،، وكل صف من هولاء
يحمى صفّا ويتقدم عليهم اثنان الاول يحمى رئيس الصف المتقاطر والاخر فى ساقته يحمى صاحب

السّاقة وكل صف يكون من هذه الصفوف يكون له اثنان على هذا الترتيب،
وقد حذّروا النصف المتفاضر فقالوا انه موئف من قوّاد وتوالى بتَلُوبهمر فى الغتيلة، واما اقتـران
النقاصُ فيكون اذا قرب الى النصف الاول صف آخر مثله وقرن الى صاحب النصف الاول صاحب
النصف الشقى وقرن الى الغيم التالى فى الصف الاول الغيمر التالى فى الصف الشقى ونصف الاقتران
فيـد بتلو ذلك على فله الصفة واذا رُتبت هذه الصفوف على هذا الترتيب سُمّيت هذه التعبية
اقتران النفاصُر ويُمّيت جماعة الصفوف المتفاضرا وقد يسمّى جبيناً ووجّهاً وتَخشيبَة وصفّا مقنِـرِّا
ودُّ، وفلباً ولواداً وقوّاماً ومقفّمة النصف المتفاخر، واما الجزء من الجيش المرتّب خلـف الجـبــيـن
وانوجه الى موضع الغصاب السّاقة فيُلحْطَ هرضّا والا لان الغوام الاول والذين بتَلُونهمر فى الدلول على
استفامة سُمّى ذلك اقتراً واذا كان رءساء الصفوف المتفاضرا ورءساء السّاقة منتظمين على استقامة
فى العرض يسمّى ذلك تفاضُلاً،

والجيش ينقسم الى قسمين عظيمين تأخين من الجبين الى مُنتهى العرض وبسمّى احد السّقسمين
مَيْمَنَة وراسّا والقسم الاخر يسمّى مَيْسَرّة وذنبًا واما قسمتُه طولا فيُلحَط شُرّة ودُّ، وفلباً والمرتبين
خلف جيش الغصاب السّلاح من الرجّالة يُسمّون الغُزُل واحدة أغُزل ودرّما رُتِبوا فى مواضع اخرى على
قدر ما يحتاج البهم ويرتّبهم قيد الجيش ولذكره فيما بعد ان شاء الله تعالى، وانا مخبر بعدد
المُستّحة وعدد الغزل وعدد الغرسان كم ينبغى ان يكولوا وكيف تجبُ ان يُعْبّا كُل جُمع منهم
على قدر الحجة الداهية اليه وكيف ينبغى ان يغيّر شكّل التعبية بِضَرِمَة ما الذى ينبغى
ان يُوصَف عليه من حركات كل واحدة من فله الجهات،

فاقول انه ليس ما ينفع به ان يجعل عدد مَن فى الجيش عددًا محدودًا وذلك انه ينبغى لصاحب
التعبية ان يجعل رَسْمَ ذلك على قدر عدد جُند كُل عسكر وان يختاز عددًا يوافق تغيير شكل
العسكر على قدر الحاجة التى تدّعُوا الى ذلك اعنى ان يراد ان يصعف طبل الجيش حى يصير
مرتَّين مثل ما هو او يضاعفه مرارا كثيرة وان يراد ان ينفص من طوله كن العدد الذى يكـه
موافقًا فى ذلك ولهذك العلّة اختار الغدماء عددًا يُكن ان ينفصر بنفصَّين الى ان ينتهـى الى
الواحد ولهذا السبب تجدُّ اكثر مَن وضع شيئًا فى تعبية الحروب جعل عدد اصحاب الـسّلاح

٣٨٤ وجعل جيش العزل نصف هذا العدد وجيش الفرسان نصف جيش العزل وللمك ان
هذا العدد ينقسم بقسمين الى ان ينتهى الى الواحد واب اختير هذا العدد ليكون زوجا ومثلا
لان اذا جعلنا الصف المتقابل ستة عشر رجلا يجب ان يكون فى هذا العدد من الصفوف المتقاطرة
الف صف واربعة وعشرون صفا وهذه الصفوف تنقسم الى الانواع ولكل واحد منها اسم على ما بقى ٠
فصل فى الاسماء كل ستة عشر تسمى صفا وكل صفين من هذا الصفوف المتقاطرة تسمى غضنبة
وعدد من فيها من الرجال اثنان وثلاثون رجلا والمقدم عليهم يسمى صاحب العصبة وكل اربع
صفوف متقاطرة تسمى مقنبا والذى يروسه يدعى صاحب المقنب وعدد من فيها من الرجال
اربعة وستين رجلا وكل مقنبين يسميان كردوسا وعدد من فيه من الرجال مائة وثمانية وعشرون
رجلا من الصفوف المتقاطرة ثمانية والمقدم عليها يسمى صاحب المائة ويدعى رئيس الكردوس وكل
كردوسين يسميان خللا ويسميان ايضا فيلة وعدد من فيها من الصفوف المتقاطرة ستة عشر صفا
ومن الرجال مائتان وستة وخمسون رجلا والمقدم عليهم رئيس الفيلة او الجحفل وكل جحفل يجمع
من هذا العدد خمس رجال مختارون وهم صاحب الراية وصاحب الساقة وصاحب البوق والخادم
كذا ذكروه قلت اما تكين هذه الخمسة مع المشافة فى زماننا والذى اختاره ان يكون غلمانه
خلفه برئبين كترتيب الصفوف المتقاطرة حتى لا يخرجوا من الصفوف وشكل الجحفل مربعا
كرقعة الشطرنج ثمانية فى ثمانية وهذا ستة عشر دليلا وستة عشر عرضا٠ وكل جحفلين يدعيان
كوكبة وعدد من فيها من الرجال خمس مئة واثنا عشر رجلا ومن الصفوف المتقاطرة اثنان وثلاثون
صفا ويسمى المقدم عليهم رئيس الكوكبة وكل كوكبتين زمرة وعدد من فيها من الرجال الف واربعة
وعشرون رجلا ومن الصفوف المتقاطرة اربعة وستون صفا ويسمى صاحبها رئيس الزمر وكل زمرتين
طايفة وعدد من فيها من الرجال الفان وثمانية واربعون رجلا والمقدم عليهم يسمى رئيس الطايفة
وفيها من الصفوف المتقاطرة مائة صف وثمانية وعشرون صفا ومن الناس من يسمى الطايفة الجامعة
التامة ويسمى المتولى عليها رئيس الجامعة التامة وكل طايفتين يسميان جيشا وعدد من فيه من
الرجال اربعة الاف وستة وتسعون رجلا وفيه من الصفوف المتقاطرة مائتا صف وستة وخمسون
صفا والمتولى لامره يدعى رئيس الجيش وبعض الناس يسميه عسكرا ويسمى المتولى عليها قايد

الجيش وكل جيشين يدعيان خميسُ وعدد من فيه من الرجـل ثمانية الاف رجل وميـة واثنان
وتسعين رجلاً ومن النصفوف المنعدرة خمسمائة صفٌ واثنا عشر صفٌ ومن الجيش تـبعة ومنتم من
يحّهبد ةللة واننوّيٰ عليه يدى رئيس النفلة وكل خميَـيْن بدعيـن العـسكر الاعنـر وليه من
الصفوف المنعدرة الف صفٌ واربعة وعشرون صفّا ومن الرجـل ستة عشر انَفُ وثلثمـية واربـعـة
وثمانون رجلاً وهو انعدد الاول فيصير جميع العسكر ةفلتين وقد اربعة جيوش والاربعة جيوش
اثنان وثلاثين لوبية وكل اربعة وستون تَخْفلا ولنكه مائة وثمانية وعشرين ضَرْذوسُ وكُل ميمس
وستة وخمسون بقنب ولنك الجع خمسمـية وائننا عَشَرَة عُنّبَة وعدد ذلك من النصفوف مـ تعلم
وكُ ١٤:٣ ع

وافصل نُوّاد الجيش يرتَبُ فى النيمنة والذى يَتْلوه فى النصيلة يرتَبُ فى البيسرا ثر الشـــنـت فى
النصيلة يرتب فى جنبة النيمنة والرابع فى جنبة النيسرا فيعمير رصه الجيش الاول والجيش الرابع
اصحب النصيلة الاول والنصيلة الرابعة وروساء الجيش الثنى والجيش الثنلث اصحب النصيلة
الثانية والثالثة اذ كانوا فى الرّتبة الثانية والثلثة وسبق فيما بعد ان النوة الاول والرابعة مساوية
للثانية والثلثة فيعمير قوى الروساء الاول متساوية واماّ روصاء النوابف لتى بينهم ايضا على هذا
النثل اولهم فى النصيلة يرتب فى ميسرا الجيش الاول والثانى فى ميمنة الجيش انثنى والثلث فى
ميسرا الجيش انثلث والرابع فى ميمنة الجيش الرابع وترتيب روساء الصفوف اسـتفـنـرة فى كل
مقنب على هذا النثل ونلك من الفصلهم فى الصف الاول والثانى فى النصيلة فى الصف الرابع والثلث
فى النصيلة فى الصف انثلث والرابع فى النصيلة فى الصف الثانى ولنله ان نوالم على فوامم هذا النشـل
تكون متسوية فى انغتبت لان الاول فى النصيلة والرابع من الروصـاء يكـوزن فى انميمنة الاول
ويكون فى انعصبة الثنانية انثنى والثنلث وقد يتبين فى علوم المُهَنْدسة انه متى كُنت اربعة افدار
متسـاوية فضرب الاول فى الرابع كضرب الثنى فى الثلث لان كل يحصل اربع مقانب
مثله اذا كانت اربعة اعداد متسـوية وكانت نِسْبَةُ الاول الى الثنى كنسبة الثلث الى الرابع فـنْ
ضَرْبُ الاول فى الرابع كضرب الثنى فى الثلث وقِسْمَة الاول على الثنى على الثلث كـمسة انثنت على الرابع
وكذلك قسمة الثنى على الاول كـمسة الثلث على انثلت مثل ذلك ٦ ٣ ٣ ٦ آن نسبة الاول وهو

٢ الى الثانى وهو ٣ كنسبة الثالث وهو ٤ الى الرابع وهو ٦ لان الاثنين ثلثا الثلاثة والاربعة ثلثا الستة فضرب الاول فى الرابع كضرب احد الاوسطين فى الاخر الا ترى ان المجتمع فى الحالتين ١٢ كذلك قسم الاول على الثانى كقسم الثالث على الرابع الا ترى ان الخارج من القسمة فى الحالتين ثلثا واحد وكذلك قسمة الثانى على الاول كقسمة الرابع على الثالث لان الخارج من القسم فى الحالتين واحد ونصف فعلى هذا اذا كانت اربعة اعداد متناسبة كانت نسبة الاول الى الثانى كنسبة الثالث الى الرابع فصحّ ما ادّعيناه ٥٥ مثال اخر ان كل اربعة اعداد متناسبة فانها بُدلت تكون متناسبة مثاله ان اربعة اعداد ا ب ج د متناسبة نسبة آ الى بَ كنسبة جَ الى دَ فنقول انها اذا بدلت تكون متناسبة نسبة آ الى جَ كنسبة بَ الى دَ ابجد ان نسبة ا الى بَ كنسبة جَ الى دَ فالجزء او الاجزاء التى هى آ من بَ هو الجزء او الاجزاء التى هى جَ من دَ واذا بدلنا كان الجزء او الاجزاء التى هى آ من جَ هو الجزء او الاجزاء التى هى بَ من دَ فنسبة الف الى جيم كنسبة بَ الى دَ وذلك ما اردنا ان نبيّن ٥

والمراد ان تكون الصفوف متساوية فى القوة لانّ فى كل جحفل اربعة مقانب يجب ان تعبّا المقانب على هذه النسبة حتى يصير كل جحفل مؤلّف من اربع مقانب يكون فى المقنب الاول من الرؤساء الاول فى الفصيلة فى الميمنة ويصير رئيس المقنب الرابع فى الميسرة ويكون الثانى فى الفصيلة ويصير رئيس المقنب الثالث فى الميمنة ويجعل الثالث فى الفصيلة ويصير رئيس المقنب الثانى فى الميسرة ويجعل الرابع فى الفصيلة ٥

وقد ينبغى ان نخبر الان بالبُعد الذى يجب ان يصير بين اصحاب السلاح وبُعد المسافة التى تجمع فيها بينهم فى الطول والعرض واصناف ذلك ثلثة وذلك ان تعبيتهم اولا تكون على بعد ابعد لبعض الحوائج التى تدعو الى ذلك ثم يجمع بَعد ذلك على بُعد اقرب فيكون كالمزدحمين ثم على بُعد اقل من ذلك فيصيرون كالمتضاغطين وكل ذلك بحسب ما تدعو الحاجة والرجل المرتب على التعبية ياخذ من المكان اربعة اذرع فى الصف واما المزدحم فياخذ مقدار ذراعين والمتضاغط مقدار ذراع فالازدحام هو ان يصير الابعاد المنصرفة قريبة فى القوام الاول والقوام المتوالى طولا وعرضا وانما يكون ذلك ليمكن فى الصف قبول التغيير واما المتضاغط فيكون اذا ازدحم الجيش اكثر

من الازدحم الذى تقدّم وصفه فى الغوامر الـتحـوـريس والـقوامر الاول والـنوالى وقد بلغ من تصـغـمـد
العسكر الا يـكن فيه الـميل يـنـفذ ولا يـسرّة والازدحام ان يُراد اذا كانوا قريب من الـطـعـين واما
التصـغـمـد فللـتحرّز من جـملات العدد الذى تكون مُهجـة والـبيّـت لـذلك ،

ولانّ عدد روساء الصفوف المتقدّمرا اثرتـبين فى جيين الجـيش الف واربعة وعشرين رئيـس فى الـبين
اقـهـم عند التعبية باخذون فى انـول مكـن مـسـحـنُـه اربعة الاف ذراع وستد وتـسعين ذراء يكون
لـذلـك عشر غلوات وستُ وتسـعين ذراء، واذا كانوا مردّمين اخـذوا مـقـد مـسـحـنـه خمـسة غـلـوات
وثـمـن واربعون ذراعا واذا تـصـاعـدوا كانـت مـساحـة موضـعـهـم غلوتـين ونصفا واربـعـا وعـشرين ذراء ،

فـصـل واما مقادير الـسـلاح الذى لـلـجيش يكون تراسـا ورمـحـا، وافـضل الـتراس مـا كان من نُـحـس وان
اهل مقودونيا كانوا يـسـتعـلـو وأهم يـعـبرون باحـوال الحـرب ونـهس يـنـبغى ان يـكـون الـترس شـديد
الـتقـعُـر لـيـسـهُـل الارتـبـاط بـه واما الرُّمح فـيـنـبغى ان يـكـون طـولـه تـصـليـة اذرع وهـذا افـقـ ه يـكـن
لـيـسـهُـل على الجـندى ضـبـطـه وحـركـتـه ،

وينبغى ان يـكـون قـوّاد الجـيوش المتقـادُرا ان كان لا يتقدمـهم احـد من الجـيـش الفـصل من فيه فى
اجـسامـهم وشـدّتهم وكثرة تجـاربـهم وشـجـاعـتـهم وتـبـذلـهم السنتـهـم عن الـكلام الفاحـش فـان هـذا العـمف
المـقتـرن هو قـوّام العـسكر والحـاجـة اليـه اعظم منها الى غـيره فـكـما أنّ السـيـف تـعـيـل نـعـل الحـديـد
الـذى يـجـنع على حـدّه ومن ذلك تـقـهُـر قـوّتـه كـذلـك ايضـا ان يـتورّط فى الجـيـش ان نـه خُـذًا وان ذلك
الحـذ هو روسـاء الصفوف المتقـائـرة ويتقوّم ان الذى يزيد فى قـوّة هـذا العـمـف ولى ارتـفـعـه وتـغـلـب
وعـظمـة الحـجـذة الى ترتـب وراءـه ،

وكا ينبغى ان بَـعْـنا بالـعـمف الذى وراء الـمقتـرن الثانى ولذلك ان رماحـهم بـتـقـد حـى تـصـير قـريبـة
من رمـلح الحـقب العـمف الاول فى وجـه الـعدّو واقـربـهم منـه كثـير ما يـعـينـهم فى اشـيـء كـثيرة واذا
سـقـلا احـدُهم من دابّـة من الـعـمف الاول او سُـقـلا تـقـذّم فأخـذ مكـانـه من الـعـمف الذى خـلـفـه
فيتـصلّ بذلك الصفوف ولا يـقـع فيها خـللّ واما العـمف المقـترن الثالـث ومن بعـده من سائر الـعـمفـوف
التى تـتلو فـنـبّـنا من رجـال هـولاء فى الـعـيس والغـلو وان اهـل مـقـدونـيا كانوا يـعـبّون الـصفـوف
تـعبية بجـماعـة قـليلة لـ يـكـن ان يـدخُـل اليـهم احـد من خُـمـن تعبيتـهم وامـيـل تعبيتـهم بَـعْـد ان

شاء الله تعالى ء

وذلك ان الرجل منهم يخفف بسلاحه فى اوقات الجهاد والازدحام فى مقدار ذراعين وكان عظم
الرمح من رماحهم يتلوم انه ست عشر ذراعا والمقاربة يعتنون بالطويل فى زماننا هذا واما بالحقيقة
يكون اربع عشرة ذراعا ويذهب منه تحت يد المحارب ويمتد الى خلفه مقدار اربعة الدرع وبتلفا
ذنبيا بين يديه عشرة الدرع من الصف الاول المقترن واصحاب الصف الثانى دونهم بمقدار ذراعين
يعنى عن روس رماح الصف الاول والصف الثالث دون رماح الثانى بمقدار ذراعين ء
والرابع دون رماح الثالث بمقدار ذراعين والخامس دون رماح الرابع بمقدار ذراعين بين يدى الصف
الاول واما الصف السادس ومن ورائه من الصفوف فلم يجعل رماحهم لمجاوز الصف الاول ء وانا ارا
ان الصف السادس يكون الغلمان والنسوات والاثقال لان اهل زماننا لم يعتنوا بامر الصفوف لاجل
ذلك اقتصرنا على خمس صفوف فانا عبا قايد الجيش هذه الصفوف على ما ارسمهم له لم يقدر
عليها احد من العدو ان شاء الله تعالى لان كل واحد منهم يراه بين خمسة رماح اى منظر تراه
اقبل من ذلك عند العدو والرجل الذى يحيط به خمس رماح بقوى نفسه قوة عظيمة اذا تفكر
فى انه قد احرز نفسه بخمسة من الرماح وبقوة خمسة من الرجال وبعتضد بعد ذلك على الله فى
جميع احواله فان هذه التعبية لانهم ابدا ولا يطمع نفسه بالهرب ومن الناس من يجعل اسنة رمح
هذه الصفوف الخمسة على حذ سواء وفى المخالف ما قبلها واحسن واحسن وامكن لم يجعل الصف الاول
روس رماحهم فوق الارض بمقدار شبرين والصف الثانى فوق ذلك بمقدار شبرين والثالث فوقه
بشبرين والرابع فوقه بشبرين والخامس فوقه بشبرين وعلى هذا تكون رماحهم ابدا حتى لورمى
من قدامهم بالمزاريق والحجارة او ما اشبه ذلك صعب على روس الرماح ولا يبقى منه مكان يدخل
منه العدو سوا كان فارسا او راجلا ء

فصل واذا اراد الجيش ان يريد الصفوف المتناظرة حتى بصير الجيش لا منظر نهي فى اعين
العدو بصير العزل خلف الصفوف على هيئة التعبية المتقدم ذكرها يكون ١٠٢٤ متساوية لصفوف
الجيش ليكون الصف الاول من صفوف العزل يتلو الصف الاول من الصفوف المتناظرة فى الجيش
ويكون الثانى يتلو الصف الثانى وعلى هذا المنوال الا انه ليس ينبغى ان يكون عدد صفوف العزل

c

بل يكون اقلّ من ذلك على قدر ما يراه قائد الجيش فان جعل فى كل صف ثمانية يحصــل فى
الالف والاربعة والعشرين الصف من صفوف العزل ۲٤٠؛

وهذه امارةم كل اربع صفوف من العزل تسمّى عُصْبة وعدد من فيها من الرجـــل ۳۲ رجـــل وكل
عصبتين تسميان مِقْنَبًا وعدد من فيها من الرجال ٦٤ رجلا وكل مقنبين يُدْعيان كُرْدُوسًا وعدد
من فيه من الرجل ۱۲۸ رجلا وكل كردوسَيْن يسميان خُفْلا وعدد من فيه من الرجل ۲٥٩ رجلا وكل
خفلين يدعيان فئة وعدد من فيها من الرجل ٥۱۲ رجلا وكل فئتين تسمى زُمْرة وعدد من فيهــا
من الرجل ۱۰۲٤ رجلا وكل زُمْرتَيْن تسميان طائفة وعدد من فيها من الرجل ۲۰٤۸ وكل طـائفتــين
يدعيان جيشا وعدد من فيه من الرجل العزل ٤۰۹٦ وكل جيشين يدعيان خميسًا وعــدد من
فيه من الرجل ۳٤۱ رجلا ومن الصفوف الف صف واربعة وعشرون صفًا وبكون رؤساء هذه الصفوف
من الرجال المختارين الحزبين للامور مطيعين لروسائهم فى كل ما يُؤمَرون به ؛

فصل فى بعض الصفوف التى استعملته الحكما على اشكال اقليدس منهم الشكل الشبيه بالمعين
استعده افل تصاليا وذلك انهم كانوا فُرْسانا أقوياء فكان اول من اشار عليهم باستعمال هذا الشــكل
رجل يعلل له ابلس لانه شكل موافق تلكا يحتاج اليه والفرسان الذين يعنون فيه يُمْكنُهم الانقلاب
والدَوَران فيه بسُرعة الى كل جهة يظهر منها العدوّ ولا تخاف من الدوران فيها ولا يحصل فيهــا
عَطَبُ الفرسان وذلك انّ افضَل الفرسان يعينون فى جوانب الشكل والقُوَّاد فى الزوايا وذلك ان
قائد الجيش يرتب فى الزاوية التى تكون قُدّام واما حَفَظَة الجوانب فيُرَتّبون فى الزاوية اليمنى
والُيُسْرى ويُرَتّب صاحب الساقة فى الزاوية التى تَبْقَى فتكون على هذه الصورة

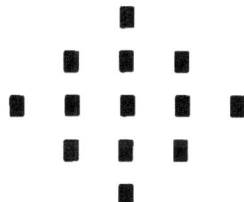

وهذه التعبية ملیحة وفی اصل اناورد المعروف بالبقدیقة ثم یخرج منه الی ما شاء من الناوردات علی
ما یراه قلیدة وبای الاشكال التی ذكوها اقلیدس فی اصول الناوردات لمن علم تدبرها علی ما تقدم،
واما الاشكال المربعة التی استعملها الغرس واهل سقلية وكثير من اليونانيين لانهم راوا فی هـذا
الشكل ان الركوب فيه اسهل ماخذا والفروسية والتشاور فی اشكال كثيرا وذلك ان التعبية فيه
تكون اسهل فی حال التفاظر والاقتران وفی هذه التعبية تعبا الغزان باجمعهم للعدو تعبية وافضل
الكتايب ما كان عدد من فی طولها من الرجال ضعف من فی العرص مثل ذلك ان يكون فی الطول
عشرة وفی العرص خمسة وذلك ان فی هذه التعبية تكون اما فی العدد فختلفة فی الطول والعرص
واما فی الشكل فربعة وذلك ان طول الفرس من راسه الی الخلف اذا قيس الی عرصه وجب ان يكون
المقترن عن فی الصف مقبا اكثر، ومن الناس من جعل عدد من يرتب فی الطول ثلاثة اضعاف
من يرتب فی العرص وراوا ان ذلك شكلا مربعا لان طول الفرس يتوفم فی اكثر الامر ثلاثة اضعاف
عرصه وكذلك يعبون فی الجبين تسعة وفی العرص ثلاثة وذلك ان كثرة الفرسان من الحسـاب
الصلاح لا ينتفع بهم المنفعة التی ينتفع بها من عرص الرجال الذين يشتدون اعمارهم من خلف

وذلك ان الفرسان لا ينتفع بهم فی بعض الاشياء منفعة قوتد لانهم لا يدخلون علی من بين ابديهم
واحد مثله فی الرجالة،
قلت لاجل هذه العلة وجب قبل امير من الامراه ان يتعهد معلبا يعلم علمائه حتی يكونـوا
معتادين لنقل الرم حتی تبقی لهم عادة حتی اذا ارادوا النقل به عند احتياجهم اليه امكنهم
النقل والا بقوا مختلفين وربما الفوا رماحهم من ابديهم وهذه اشارة قبل المالوس حتی يكون الجميع
نقله نقلا واحدا وهذا الشكل المربع الذی استخرجوا منه الميدان الاول والمخلفتين المعرفة بالصفين
وذلك شكل مربع معرضين سابقين قدام حلقتين ونخرج منه الواع كثيرا علی ما تقدم، ولهذه
العلة يعرص دايا اذا كان عدد الفرسان فی الطول مساوی لعددهم فی العرص ان كان العدد مربعا

والشكل مربعا والاختلاف في تربيعه على ما تقدم في اختلاف طوله وعرضه ·

وقد يظن بالتناسب الشبيهة بنعين انها استعملت ضرورة ولذلك ان رئيس التيبية اذا رتب الاول

لم يجب ان يكون الفرسان المرتبين من جنبته مقترنين معه بل يجب ان يكظوا دونه ويكون

رؤس هؤلاء الفرسان قريبة من منكبي رئيس التيبية ويكون بعضهم ببعد من بعض اعني الذين في

الجانب الايمن والذين في الجانب الايسر والذين من خلف كيما لا يحدث لهم اضطراب لانه

كثيرا ما ترامى الدواب بعضها بعضا فيسقط منها بذلك السبب كثيرا من الفرسان وقد راى

بعض من هنا الخيل تعبية الاشكل الشبيهة بالعين ان يكون الفرسان مقترنين وراى بعضهم ان

يكونوا متفاضبين وقال بعضهم لا يقترنون لا يتفاطرون وكل واحد من هذه التعبية يكون على هذه

الصفة اما الذين راوا تفاطير الفرسان وافرانهم في الاشكل المعينة فعبوا اعظم صفوف التيبية في

وسطها كما تقدم وجعلوا عدد من في ذلك فردا مثل آ آ آ آ ونحو ذلك وعبوا من جنبي هذا

الصف الغترن صفين احدها بين يديه والاخر خلفه وجعلوا كل واحد من هذين من الصف ينقص من الصف

الذي قدامه اثنين مثل ذلك اذا كان الصف الغترن الاعظم آ فارسا ففي كل واحد من الصفين

اللذين يتلونان هذين آ فارسا ورق اللذين يتلوان هذين آ فارسا وعلى هذا المثل يكون النقصان

فيما يتلو من الصفوف الذين الذين حتى يبقى واحد ويكون جماعة التيبية آ فارسا ·

```
            ·
          · · ·
        · · · · ·
      · · · · · · ·
    · · · · · · · · ·
  · · · · · · · · · · ·
· · · · · · · · · · · · ·
  · · · · · · · · · · ·
    · · · · · · · · ·
      · · · · · · ·
        · · · · ·
          · · ·
            ·
```

صفةُ الصفوف عند اللقَه

اذا كان صفُّ المشركين مربَّعاً وصف المسلمين هلالياً فَلْيَنْظُرْ قيد الجيش ان كان عدد المشركين
مثلهم فى العدد فهو جديرٌ بالنصر ان شاء الله تعالى وجِبُ مراعاةٌ ضُرّاً قُوْسه نهاية ما يكون من
الرعاية وبثبتون غاية الثبات والاجوّدُ ان ينلل طوائع انغلب الى اطراف العوس لتكون مَعُوفَة
لاصحاب الاجاحة وبكون اعتماد اصحاب الصف الهلابيين كُمر ميمنة المشركين وميسرتهم
والتماسُك عن الغلب وتَرْك المُبازِزة والضْبر والجِدّ فى قتدلهمر على وَجْه بَظْهر أثرُه فى الـعـدو
وخصوصاً كسر اصحاب الزوانا والاجاحة فَبَرْ المُبرُ الاكبر وبوسع اصحاب الغلب ضعف الجبين ما
امكن فيه بُحْمَ انْبَل وان ضرب المشركون صُفّهمر الشطر انعبن لا باس بنهضة اصحاب الغلب
لشغلهمر بقتال باثر ما بجلاب الصف الاول، والوجْهُ فيه ان بضيْف طرْفَى قُوْسه بقذر بشمل صف
المشركين وتلمّم اصحاب السرايا والطلايع والكُنّاه الى اركان ساقة العدوّ وبوثرون فى جنبتيها
بالنكاية ليَنْفَضْغِنَغ ترتيبهم، وكذلك اذا كان صف المشركين مستطيلا فهو بضعف كما قَبْلَة
وبَبْل المسلمين فيه مثل الذى فباه سواء فان كان صف المشركين على شكل الغِزْة والخلْقة فهو مع
الشكل الهلال ضعيف جدّاً والهلال الظهر منه، وان كان صفُّ المشركين هلالياً وصفُّ المسلمين
مربَّعاً فالصواب ان يجتهدوا ان يجعلوا صف جنبيه بخرج طرفاه من طرفَى هلال صف العدو فان
كان صار كذلله فهو الاصل للغُوْا وبغتَنيد اصحاب الاجاحة والميمان والميامر كسر اطراف قسيم
وللك من أمّ الاعمال، لما اصحاب الغلب فسبيلهم تجريد النَبَل ان يُسْتَقْبَل به اصحاب الغلب من
مَعُوفة اصحاب انراف انعسى وان امكنهم رَدَّم على اعطابهر تَمْلَد واحدة لحيَبّد والّا يكون الاجتهاد
فى كسر دنرفا الهلال كهف كان، فان كان صفُّ المسلمين الشطر انعبن فهو أظهرُ من الاول لان
نزْلَه بحتدّ فى الغالب وصفُّ جنبيه وصفه قَلبٌ فى غاية انغُوْا،

وان كان صفهم اللُمْلى فسبيلهم ان يجعلوا الطلايع لُّها قسمين على اليمين والشمال وبغاربوا الكُنّاء
حتى بكولوا فى مُقابَلَة ما نَقَض من صف جنبيهم من صف سائنبهم ليكون انغتال فيه متوانرا من
اصحاب ربى المجنبتين اكثرمن غيرهٔ، ولو كان صفُّ المسلمين الشكل المستطيل فهلذا يَضْعُف من
العلم بواجب النَبَل من الصفوف الاوائل واحتراسه كانلخلق وأُرْذى الصفوف لهم ان بكولوا صف

المخلقة والمُؤْخَرةُ فان امكن نقله الى غيره، نقلوه على رفيف وتنوّكا على وَجْه لا يُفسِد نظامهم، ولا يَشْعُرُ به العدو فهو الاصلُ وان تَعَذّر ذلك نقل الكُنَاة، والطلائع الى الجوانب من اليمين والياسر بُشْرِم فهو أقوى العمل فيه، وان تقاتل الصِفّان فى التربيع وغيره سِوى الهلالى والمخلقة فالعَمَلُ فيه سَواء الّا ان القتل وتجويد العمل فيه على صف الجبهتين، ومتى وقع التماثُل او التقَاْرُب مثل ان يكون احدهم مربّعًا والاخرُ مستطيلا او الشطر انعين، وما اشبهَ ذلك فالعمل فيه قريبٌ مّا قَدّمْنَـا، فاما الهلالى فقد قَدّمْنا العلل فيه، واما المُؤْرة فقل ان تقعَ من الجيشين سواء فاذا وَقَعَت فسبيل فيد جيش المسلمين ان يدور بها وَيُخْرِجِ لها طرقا هلالا او غيره مثل شطر انعين فهـذا اصـلٌّ فى التعبية، واذا كان الجيش فى ارض مستوية والجيش مستديرٌ فلا يظنّ به العلّةُ لأنْ شكل المُؤْرة اقلّ من حقيقتها اذا حسبت مساحتها والسُّطَة التى تحيط بها الدائرة، فان كانت اضلاع احدانة العسكر مستطيلة او كان بعض اجزائد ضيّقة او معوّجة او كثير الزوايا فلا يُظنّ به اكثرُه، واذا كان العسكر على جَبَل او نَشُز من الارض فان العسكر يبين اكثرَ مّا هو على البسيط من الارض للبِنْظر فى ذلك بحسب ما تقدّم بالتخفيف او ما بقارب الاصابة فهو الاصل فى الجهاد

فيما اذا اراد القائد للجيش ان يعبّيه تعبية غير ما فى عليه فَلْيَجْعَل له اشارةً حتى اذا أشار بها مالوا الى الجهة المشار اليها فن المتقدّمين مّن جعل له اسماء الميل والانقلاب والانفتال وتسوية الانفتال واستـدارة صُفرى واستدارة كُبرى وتعاطر واقتران، ورجوع الى الاستقبال واستدارة مطلقة واضعف واتبـاع الميمنة والميسرة وجَيْشٌ مُخترف وجيش مستقيم وجيش مُوَرّبٌ ورَضّ وتقدّم وحشو وزائدة وترتيب بعد ترتيب ووصاياء

واما اسم المَيْل فنهم من جَعَل اسم الميل المُخْتَلف وجعل الذى الى جهة اليمين مَيْلٌ الى جهة الريح والميل الى جهة الشمال مَيْلٌ الى جهة التُّرس آ فاما الميل المختلف هو التموّج الى سائر الجـوانـب والانقلاب هو ان يميلوا الى وراء، وهو مَيْلُ الفرار، والانفتال عبارة من ان مَزْدَحمْ اصحاب السلاح حتى يصيروا كجِسْمٍ واحد، ويميلوا الى جهة اليمين او الشمال كنهم قد داروا على الرئيس الاول من الصف المتقاطر، وانفتلوا واحْتَزّوا على الموضع الذى قُدّامَهم، والانتقالُ هو التنقّلُ مؤخر الى قُدّام وتخيير المتقدّمين الى مكان الساقة ليكون المِيل مَرّتَيْن واحدة فى اثر اُخْرى حتى تصير وجوفهم

قبالة وجه العدو وتستريح الطايفة الغادتلة وهذا عندى فيه ضَعْفٌ لانّ العدو اذا راى انتقالهم
ربما فَجَمَ عليهم فى تلك الحالة ونل منهم الا ان يكون انفتلا لا يَشْعُرُ به العدو، وامّا التَّشْوِيْة
فى الانفتال ورجوع الجحفل الى مكانه الاول، واما الاستدارة الصُّغرى لحَرَكَة من انفتالَيْن الكُرْدِيس
حتى تحَتَوِى على الموضع الذى من درائه، واما الاستدارة العُظْمَى لحركة الكُرْدِيس من انفتل ثمّ
متصلة تَحْتَوِى معها على الفتال ان كانت الى جهة اليمين يكون مقابلا الى جهة اليمين وان كانت
الى جهة الشمال يكون مقابلا من جهة الشمال، واما التغاظُر فيكون اذا حاذا كل واحد من
الرجال الذى فى الصف لرئيس الصف المتغاظر ولصاحب السافلة على ان يكون بُعْدُ ما بينـهـم
متساويا الاقتران اذا كان كل واحد من الرجال الذين فى الصف حاذا من تغاربه فى الحلول ويكون
بُعْدُ ما بينهم ايضا متساويا حتى يتَسَاوَى روساء الصفوف، واما التصعيف هو ان يزيد عدد من
فى الصفوف اما طولا واما عرضا فان اراد قابد الجيش بصاعفه عرضا وكانت الصفوف المتغاظرة مثلًا ب
فيلمر ان يدخل منها اربعة بين الصفوف فتَبْقى الصفوف المتغاظرة طول كل صف منهـا آ وتكون
قد تصاعفت الصفوف مثل ما كانت عليه اولا ويكون ايضا قد حصل الاقتران فى روساء الصفوف
والنا آرَدْنا ان نُنْقِصَ منهم امرنا الذين كانوا قد دخلوا بينهـم ان يعودوا الى ما كانوا عليـه ومن
الناس مَن لم يَرَ ذلك بل يبسُط العزل فى الميمنة والميسرة وكذلك الفرسان،

واما الاستدارة المختلفة فاجناسها جنسَيْن جِنْسَيْن احدهما فى تعبية الصفوف المتغاظرة والاخر فى تعبـيـة
الاقتران كما تعلّم، ولِلّ جِنْس منهما ثلاثة انواع نَوْعٌ يُعْرَف بأعْل سلوكدنيا والاخر يُعْرَف بأقـل
لانوليا والاخر يعرف بالفارسى وايضا بالاقريدلشى ويُدْعَى البَلَدى فاللى هو الذى اذا استقلّ باخذ
الموضع الذى من قُدّام الجيش وبعبل بوَجْهه الى قدّام واما الثاني هو الذى هو الذى باخذ الموضع الذى
من وراء الجيش المعترضين المتدخّلين الاماكن التى كانوا فيها اولًا يعنى اذا تَخَلَّوا صار اولـيـتهـم
أُخْراهم واخراهم اوليتهم، واما المعترف فهو الذى طوله اضعاف عرضه واما المستقيم هو الذى
يسير الى احد الجانبين وعرضه اضعاف طوله والجُلة يقال فى كل جنس انه طويل اذا كان طوله اكثر
من عرضه وانه مستقيم اذا كان عرضه اكثر من طوله والجيش المورّب هو الذى ميمنته او ميسرته
ايهما كان قريبة من العدو تجاهد والجانب الاخر بالبُعْد ملتف مجتمع، واما الرُّض فيكون اذا

رتّب قوم ثم ادخل بينهم اماكن للفرج انى بين كل واحد منهم من المرتبين خلفهم حتى يصيروا معهم على خطّ مستقيم فاما الجنيبة فتكون اذا اخذ من جانبى الصف او من احدى؟ قوم؟ فاوقفوا قدام الميمنة او الميسرة فى وجه الجيش ، واما المحشر فيكون اذا رتّب الغايب المعزل فى مرج الجيش رجلا بعد رجل، واما الرادفة فتكون اذا رتب المعزل تحت انحراف الجيش حتى تكون تعبيته تعبية ملتفة وتصير لسببها لسبعة شكل ما له ٣ ابواب ،

فهذه اشارات المتقدمين حتى اذا ارادوا ان يميلوا الى جهة قل لهم رئيس المجعل أخذ هــذه الاشارات دلّوا الى جهة المشار اليهم واما المتاخرون فانهم اختصروا ذلك كله فى كمّتَين وقى اشاراتهم وهو قوله فوجّوا وقوبّرا فهذا اخصر من جميع هذا الكلام وهذا كلام رئيسهم وتحتلج الى مراعاة الرئيس بعينهم حتى اذا مال الى جهة مالوا معه من غير ان يتاخر منهم احد بل يتبع بعضهم بعضا ثم تبادى الزمان على هذا حتى جهل فوجّوا وقوبّرا ما علم المراد بهما فقال بعض الناس ان قوله فوجّوا مرّاده ان تقبل الوجوه تجاه بعضها بعضا وقوبّرا ان تقبل الظهور بعضها الى بعض وما علموا اصل هذا لانّ امر وُضع بل زعموا انه من باب اللعب وانما اصله الحركات التى تكون فى الحرب كما تقدم ، وكنّا انا أفعَل ذلك الى ان افضل الامير الكبير المجاهد كثلا الباسلى رحمه الله ان كل واحدة من هذه الكلمتين لها معنى قمّا بذاته على ما أبيّنه بعد ان شاء الله تعالى، وان الدَوَرَان يكون مدّة معلومة فى النازرد والذى صُوّرة ثم اجد منهم الدوران ولا متّقع وانا ذكروه منهما فاردت ان الذكر الاوال المتقدمين حتى يعْفَمْر الدوران ما هو والله التوفيق، فالمحصل ان الجيش المراد منهم محل دَوَرانهم اذا قال لهم قايد الجيش فوبّرا علموا وعملوا واذا قال لهم فوجّوا مثل ذلك حتى لا يحتلل الكلام فانهم فى مَوْطن ما يَسَع الكلام اكثير لان كل واحد منهم مشتغلٌ بنفسه حذَرًا من الموت و حرْصًا على المحبة فلذا ذكر الامر على هذا وجب اتخاذ المُعلّمين حتى يعلموا ذلك وتتمرّن اعضاره على ذلك على ما قدّمْتُ ذكره ليكون انقلابُهم فى دورانهم كدَوَران رجل واحد فهذا هو العَدْل الذى يُفيد عند القتال ومن أغْفَل هذا فليس عنده علمٌ واذا ثم يكن عنده علمٌ فهو كمثل الحمار يحمل اسفارًا وهو حامل عُدّته وسلاحه فلم يعلم مّا فلذة شيئا فالحمدُ لله الذى عَلّمنا ما ثم نكن نَعْلم ۞

باب المبارزة

وما جاء فيها من الجد خلاف ما تقدّم

اذا ترتّبت الصفوف من الجانبين ونزل الوقوف وطلبت الفرسان البراز فان انصاكر من قديم الزمان فى الجاهلية والاسلام لم يفتخروا الّا بالمبارزة وهى مبدأ القتال واذا توافقتِ الجيشان لم يبق سوى للمبارزة، وقال بعض العلماء المبارزة على ضربتين مساجدة ومباحة فيُستحبّ اذا بزز رجل من المشركين ان يبزز اليه رجلٌ من المسلمين لمّا رُوى انه تقدّمَ يومَ بدرٍ بزز عتبة وشيبة ابنا ربيعة والوليد بن عتبة وقال عتبة من يُبارز لخرج اليه شابٌّ من الانصار فقال من انت فقال من الانصار فقال لا حاجةَ لى فيك وانما أريد بنى عمّى، ورُوى الله قل لا اعرف الانصار ابن اكفائك من قريش فقال النبى صلعم لحمزة وعبيدة ابن الحرث وعلى بن ابى طالب اخرجوا البع لخرج حزة الى عتبة وعلى الى شيبة وعبيدة الى الوليد فقتل حزة عتبة وقتل علىٌّ شيبة واختلف الوليد وعبيدة بضربتين فاثخنّ كل واحد منهما صاحبه قل علىٌّ فكنا على الوليد فقتلناه واخذنا عبيدةً، فهذه اول مبارزة فى الاسلام بأمر النبى صلعم، ورُوى ان علياً بارز عمرو بن عبد وُدّ العامرى فقال له عمرو من انت فقال انا علىّ بن ابى طالب فقال ما أحبّ ان أقتلك يا ابن اخى فقال علىّ انا أحـــبّ ان أقتلك فقصب عمرو وبارزه فقتله علىٌّ كرّم الله عليّ وجهَهُ،

مبارزة اخرى اعظمُ مبارزةٍ وقعت على وجه الارض وهى مبارزة رسول الله صلعم أُبَيّ بن خلف والمباحة فهو ان يخرج المسلم اوّلا الى المبارزة فانّ عرف فى نفسه شدّة فى القتال لان فيه تقويـة لقلوب المسلمين وانما فلنا انها ليست مساجدة لانه ربما قُتل فتكسّرت قلوب المسلمين، مسـئلة هل تجوز المبارزة بغير اذن الامام او نايبه فقتا الذا الذن الامام او نايبه لم تختلفوا فى جوازها واختلفوا فيها اذا لم تكن عن اذن الذى تجوزها ايضا جماعة ودليلهم فى ذلك لمّا طلب عتبة المبارزة وخرج اليه جماعة من الانصار قبل خروج حزة وعلى وعبيدة من غير اذن ولهذه المسئلة تعاليم نذكرها بعد ان شاء الله تعالى

مبارزة اخرى فى غزوة الخندق بزز عمرو بن عبد وُدّ

مبارزة اخرى قال ابن اسحف — يوم خيبر — لخرج مرحب الح

d

رتّب قوم ثمّ ادخل بينهم اماكن للفرج التى بين كل واحد منهم من المرتبين خلفهم حتى يصيروا معهم على خطّ مستقيم فما الجنبية فتكون اذا اخذ من جانبى الصف او من احدهما قوّمٌ فاوقفوا قدام الميمنة او الميسرة فى وجه الجيش ، واما الحشر فيكون اذا رتّب الغائب السعزل فى فرج الجيش رجلا بعد رجل، واما الرادفة فتكون اذا رتب العزل تحت اطراف الجيش حتى تكون تعبيته تعبية ملتفة وتصير لسبتها لسبة شكل ما له ٣ ابواب،

فهذه اشارات المتقدمين حتى اذا ارادوا ان يميلوا الى جهة قل لهم رئيس الجمل أحد هذه الاشارات دلوا الى جهة المشار اليهم واما المتاخرون فانهم اخنصروا ذلك كله فى كلمتين وفى اشارتهم وهو قوله فوجّوا وقوبّرا فهذا احضر من جميع هذا الكلام وهذا كلام رئيسهم وبحتاج الى مراعاة الرئيس بعينهم حتى اذا مال الى جهة مالوا معه من غير ان يتاخر منهم احد بل يتبع بعضهم بعضا ثمّ تنادى الزمان على هذا حتى جهل فوجّوا وقوبّرا ما علم المراد بهما فعل بعض الناس ان قوله فوجّوا مراده ان تعديل الوجوه تجاه بعضها بعضا وقوبّرا ان تعديل الظهور بعضها الى بعض وما علموا اصل هذا لاق امر وُضِع بل زعموا انه من باب اللعب واما اصله الحركات التى تكون فى الحرب كما تقدم، وكنتُ انا أفعلُ ذلك الى ان الفاضل الامير الكبير الجاهد كذا الباسطى رحمه الله ان كل واحدة من هذه الكلمتين لها معنى قتمّ بذاته على ما أبيّنه بعد ان شاء الله تعـالى، وان الدوران يكون هذه معلومة فى النادرْد والذى صُورْوه لم اجد منهم الدوران ولا مثّقة وانما ذكروه مبهما فاردتُ ان الكثر الاوال المتقدمين حتى يُفهَمر الدوران ما هو وبالله التوفيق، فالحاصل ان الجيش المراد منهم عمل نوّرانهم اذا قال لهم قائد الجيش فوبّرا علموا وعملوا واذا قال لهم فوجّوا مثل ذلك حتى لا يدليل الكلام فاهم فى موطنٍ ما يَضَع الكلام الكثير لان كل واحد منهم مشتغلٌ بنفسه حذرًا من الموت او حرصًا على الحياة فلذا ذكر الحياة على هذا الامر على وجب اتخاذ المعلمين حتى يعلموا ذلك وتتمرن اعضاوه على ذلك على ما قدّمتُ ذكره ليكون انقلابهم فى دورانهم كدوران رجل واحد فهذا هو العدل الذى يعبد عند القتال ومن أثقل هذا فليس عنده علمٌ واذا لم يكن عنده علمٌ فهو كمثل الحمار يحمل اسفارًا وهو حامل عدّته وسلاحه فلم يعلم ممّ فلذا شيئا فالحمد لله الذى علّمنا ما لم نكن نعلم۞

باب المبارزة

وما جاء فيها من الجدّ خلاف ما تَقَدَّمَ

اذا ترتّبت الصفوف من الجانبين وطال الوقوف وطلبت الفرسانُ البراز فان تمساكُر من قـديـم
الزمان فى الجاهلية والاسلام لم يفتخروا الّا بالمبارزة وهى مَبْدأُ القتال واذا ترافقتِ الجيشان لم يَبْقَ
سوى المبارزة، وقال بعض العلماء المبارزة على ضربّين مسّاحنة ومباحنة فيُسْتَحَبُّ الّا بُرزَ رجل من
المشركين ان يَبْرُزَ اليه رجلٌ من المسلمين لمّا رُوى انه تَقَدَّمَ يَوْمَ بَدْرٍ بَرزَ عتبة وشَيْبة ابن ربيعة
والوليد بن عُتْبة وقال عُتْبة من يُبَارِزُ لخرج اليه شابٌ من الانصار فقال من انت فقال من الانصـار
فقال لا حاجَةَ لى فيك وانّما أُريدُ بنى عَمّى، ورُوى انه قال لا اعرفُ الانصار ابن الكفلوك من قريش
فقال النبى صلعم لحمزة وعُبَيْدة ابن الحرث وعلى بن اى طالب اخرجوا اليهم لخرج حمزة الى عُتْبة
وعلى الى شيبة وعبيدة الى الوليد فقتل حمزة عتبة وقتل علىٌّ شَيْبَة واختلف الوليدُ وعـبـيـدة
بضرّبَتَيْن فأقطعَنِ كل واحد منهما صاحبه قال علىٌ بلْنا على الوليد فقَتَلْناه وأخلْنا عُبَيْدةَء فهلـه
اول مبارزة فى الاسلام بامر النبى صلعم، ورُوى ان عليّا بارز عمرو بن عبد وُدّ العامرى فقال له عمرو
من انت فقال انا علىُّ بن اى طالب فقال ما أحبُّ ان أقْتُلك يا ابن الحى فقال علىٌ انا أُحـبُّ ان
أقْتُلك فغضب عمرو وبارزه فقَتَلَه علىٌ كَرَّمَ الله وَجْهَهُء

مبارزة اخرى اعظمُ مبارزة وقعت على وجه الارض وهى مبارزة رسول الله صلعم أُبَىّ بن خَلَف
والمباحنة فهو ان يخرج المسلم اوّلّا الى المبارزة فاذا عرف فى نفسه شدّةً فى القتال لان فيه تقويـة
لقلوب المسلمين وامّا قُلْنا انها ليست مسّاحنة لانه ربما قُتِل فتكسّرت قلوب المسلمين، مَسْـلـة
هل تجوز المبارزة بغير الن الامام او نائبه فانّا الذا الن الامام او نائبه لم تختلفوا فى جوازها واختلفوا
فيما الذا لم تكن من الن لمجوّزها ايصا جماعة وطلبهم فى ذلك لمّا طلب عُتْبةُ المبارزة وخرج اليه
جماعة من الانصار قبل خروج حمزة وعلىّ وعُبَيْدةَ من غير الن بامر الن ولهذه المسْـلة تقاسيم لذكروا
بعدُ ان شاء الله تعالىء

مبارزة اخرى فى غزوة الخندق برز عمرو بن عبد وُدّ

مبارزة اخرى قال ابن اححف — يوم خيبر — لخرج مَرْحَب الح

مبارزة اخرى ذكر الحافظ ابن منده في تاريخ اصفهان قال قدم كتاب عمر الى عبد الله بن بزيك
بن درّوة ان سرّ الى اصفهان فسار لخرج الملك وهو الفادوسبان فلما النقوا قال له الملك لا تـقـتـل
اصحاق ولا القتل اصحابك ولكن ابرُز فان قتلتنك رجع اصحابك وان قتلتني سالمك اصحاق فـبـرز له
عبد الله وقال اما ان تحمل علىّ واما ان احمل عليك فقال له عبد الله احمل منّ محمل الملك عليـه
فطعنه فاصاب قربوس السرج فكسره وقطع اللبب والحزام فوقع عبد الله قايها على رجليه ثم استوى
على الفرس غزبانا وقال له البث لحاجزه وقال ما اُحبّ ان اقتلك قال رايتك رجلا كاملا ولكن ارجع
الى معسكرك فاصالحك وادفع المدينة على شرط مَنْ أَحَبّ اقام ومَن احبّ لذهب، والـذين برزوا
في الفروسية وبارزوا الفرسان من هذه الامّة من السلف كثير ومقاماتهم مشهورة وجماعة منهم قتل
الواحد منهم مائة رجل مبارزة وهو البراء بن مالك ونبيّنه بعد ان شاء الله تعـالى ولـا كانـت
المبارزات على الملوك والفرسان من كلّ او جماعة او عسكر او فريق وكان فيها دلالة على الشجاعة
والغلو وها من الاخلاق الحميدة ومحاسن الشيم ومكارم الاخلاق اذا طلب احد البراز خرج اليه
مجيبا لطلبه،

فصلّ في المسايل التى يحتاج اليها المبارز، مسـلة كيف يكون صفة الفارس الذى يخرج الى البراز
الجواب ان يكون حاضر القلب شديد البطش التج

مسـلة كيف يخرج الفارس الى قرنه بين الصفّين

مسـلة كيف يصنع اذا برز اليه فارسان فتفرّق وتظاهرا عليه

مسـلة كيف يصنع اذا كان احدهما اجوذ سلاحا وأقوَ دابة على ايهما يبدا بالحملة الج

Zusatz zu S. 12 Note 1.

In dem ersten Theile unseres Werkes „über die Reitkunst" findet sich ein besonderer Abschnitt über die Schwerdter. Schon die alten Araber bezogen das beste Eisen oder Stahl aus Indien und China, entweder war es dort schon zu Schwerdtern fertig gemacht, oder es wurde in Jemen dazu verarbeitet und danach erhielten sie ihre Namen: اليمانية die Jemenischen von Stahl aus Beilamân in Indien und Sarandîb (Insel Ceylon), und in Jemen verarbeitet; القلعية aus قلعة Kal'a d. i. der Burg der Stadt كله Kaleh in Indien[1]); الهندية die Indischen; aus Chorásán wurden Schwerdter eingeführt und zwischen den Indischen und Kal'aischen für solche ausgegeben; البيلمانية aus Beilamân; السرندبية aus Sarandîb, zuweilen in Persien verfertigt mit Goldverzierungen. Diese Arten hiessen *die alten* d. h. nicht vor alten Zeiten, sondern nach alter, solider Weise hergestellten, im Gegensatz zu den weniger geschätzten neueren, wie die sogen. Blanken البيض, welche in Kufa verfertigt wurden und von den eigentlich Persischen nicht sehr verschieden waren; الفرنجية die Fränkischen mit einem goldenen Kreuz; البصرية aus Baçra; الدمشقية die Damascener, unter den neueren die besten, und المصرية die Aegyptischen oder in Miçr verfertigten. Es werden noch besondere Unterschiede und Eigenschaften angegeben und ich lasse hier den Arabischen Text ohne Uebersetzung folgen, weil wegen der grossen Incorrectheit der Sprache und einer Menge wenig oder gar nicht bekannter technischer Ausdrücke sich zu viel Schwierigkeiten bieten.

1) Nach *Caswini* Th. II. S. 69, wenn dies nicht eine Vermuthung der Araber ist und beide Namen ein und denselben Ort bezeichnen.

باب العمل بالسيف وجوهر الجيّد من السيوف
وما ذبروها وتقلّدوها وبعض ما ذكروه من امرها

ارفع السيف من كل جنس العتيق منها وليس العتيق من السيوف سيف واحد اما تلذهب
في متلها الى الغرم في دهر نبيع ، وانحدث لا يُعَدُّ من العتيق فهو ضدّه في المعنى اعني باعتدار
خواص العتق للذلك سمّى لصدّ اسمه اعني محدث وان كان قد نُبع قبل زمان مذ الا ترى السيف
اما يُنظر الى جواهرها ولولدانها لغرب عهد وهو اشدُّ من ان يُنخل قدم الزمان ، والمنبى بنقسم
ثلاثة اقسام على جواهر هذا الاسم ذوّلها واجودها السيف اليمانى ثم ذانيها الفلبى ثم الشنتّ
الهندى ، ومن السيوف الحدثة المتوسطلة من السيوف للك تسمّيها الصيفلة غير محدثة بالسطبع
باليمن من الحديد اليمانى فيفل غير موبّد وفى من السيوف حقى بها البيمانية ،

صفة السيوف اليمانية وفى ان ترى جوهرها منساوى المعقد اكثر من بعض ابيض الجوهر اتمر
الارض اخضر الارض قبل الطرح قرب سبلائه من اثار بيض شبيه بالذود يتلو بعضه بعضًا شبيهًا
بالفضة ومنها العريض الاسفل المخروط الراس المربع السيلان تربيعا حررنا الى ذرف السيلان
واكثر ما يكون من علامات العتيف اني شُبعت فى الجاهلية نقبين فى السيلان بسنبك وثلب
الشنبك من احدى جهتيه اوسع او جهتاء مستويتان ووسطه ضيف منها مشلب اربع غطب
ومنها المحفور وهو الذى شطبه شبيهًا بالابهار مدنو المجفى حفرًا بالبرد مربعه من داخل الشطب
تكون هذه الشطوب متساوية فى وجه السيف ومنها لو ثلاث شطب واحدة فى الوسط ولنتتان
فى المصربين واكثر ما يكون منها عرض ثلاث اصابع تمّد واقلّ ما يكون منها اصبعين ولصف وفى
المحلاف الفتبرية تكون سواد حلا شطب مختلفة فيهم ما بين الثلاثة الاشبار واربع اصابع
الى اربعة اشبار فاما العرض فيكون كلذله وطولها ثلاثة اشبار ولصف وبكون اوزانها ما بين الرطلين
ولصف الى ثلاثة ارطال غير ربع وللك فيها ثلاثة غير ربع مصدرّه المعدد شديدة الالتواء بالتكلان
يسلم البمانية من العروق المتورحة وقد برجع على العروق التمائيل وتكتب عليها الاسماء لحفها
فكلُّ كتابة تصاب فى سيف اسفل السيلان اكثر من اربع اصابع مصمومة بالعرض فهو على كسر

راى خط او غلط فهو على عرق وان وُجد على سيف مثال رَجل وحيوان ملعب فهو على
عَيْب يسمى القباكى وهو ينكسر من هذا الموضع واذا رايت اليمانى ايضا شبيهًا بالصيبان نعب
سمى الشومك يابس اذا جُلى اذا احمّر ولا يصحب هذا الغنّ الا فى اليمانية الغتورية وما يتحرّف ان
يُضرَب به فى الوقت النادر من الزمن وهو العروق فى السيوف تكون من الدواء الذى يَطرَح على
الحديد فى وقت الطبع لا تختلط بالحديد على الاستواء فيبقى موضع العرق لهنا لا فرلد فيه
واذا وقع فى الشهرة نصرب به يجلس ومنها ما دخل عليه الماء فصار شبيهًا بالعروق ولا فرنسد له
والعروق لا تنصرّ السيوف الا ما كان فى الحدّ فانه لا يُضرَب الماء ولا يقطع عهمًا ابدا والسعروق
الخفيّة لله كانت فى الحديد والملنسات وصفت له منها مقدارا صغيرا وحوه والبير فهو عرق او ما
بين يحكون قوم الضرب الى القيم تقديرا صغيرا فله لا يصرّ السيف شيئا ومن اليمانية الموصولة
السيلان ومنها الموصل الصدر وانا يكون ذلك الحادث من ضرب وتطلع باليمن سيوف تكون بها
خُطب صغار دقاق كثيرة وما فيه شطلبة واحدها سوادج ضولها اربعة اشبار واقلّ واكثر وعرضها اربع
اصابع اقلّ واكثر وليس اليمانى ايضا جديدها يخلى بل بيُلمانى ومَرنُذخ واكثرها مستوبة القدود عرض
اعليها راسافلها واحدها ولا يكاد يخلى يكون فيه ثلاثة ارطال ابدا ء

صفة السيوف القلعية ليس يكون فى القلُعيّة ما يكون عرضها اربع اصابع ولا ثلاثة لمّة ولا معمول
واطولها ما يكون اربعة اشبار الى الخمسة اشبار وقدودها مستوبة اليها راسفلها واحد وسيلانها
ارى من سيلان اليمانية ومكاسرها ومكاسر اليمانية كالفضّة البيضاء۰ فلا المعبلى عمل فباق على
غير سبك ويوجد على الخلل الا انه يكون منها شطلب وق اصغر فرلد من اليمانية واكثر تعصيد
لا وهن راشدٌ اختلاف عقد واشدٌ جمرًا وارض جوهر وارض نقيّة توجد نقيّة من العروق ۰

صفة السيوف الهندية جوهرها شبيهٌ بجوهر اليمانى الا انه جوهر يضرب الى السراد ومكاسرها
تصرب وتقع من المولدة وما جاء من خراسان اجناس تدخل فى القلى واليمانى فاذا رايــت
سيفا فى نذ القلى اشدّ تعقّدا من القلى كداخل الفرائد بعضه فى بعض يضرب الى السراد لخلف
الفرند من اوله الى اخره موضع فرلد صغار وموضع كبار ووجد الموضع الذى يتركه الصياقلة بلا
سقى وهو على قدر غبر من السيلان فرلد صغار شبيهًا بالشليم فعلمُر انه مولد قُجِل منه قطعة

فقله ترى مخرج الزيت من تحت النصلة مثل الرصاص وتبين القنفعة لك لا جوهر فيها وبين اثار
المصقلة فيها خفى وترى الفرند الذى وصفت لك فى صدر الثبار اليمانية شبيها بالأخدود الــذى
يتلو بعضه بعضا فى المولد كمده يضرب الى السواد واشعار المولده عند من اليد عليها خشونــة
وخلل اليمانية والقلعية يخرج احمر كالنحاس والهندية يخرج احمر يضرب الى السواد والزيت الــذى
يخرج من تحت مخاوصها رخما قليلا والمولده يخرج حلها ومكاسرها مثل الرماد والزيت الــذى
يخرج من تحت مخاوسها اسود ،

والبهلهانية صنفان الكبار والصغار اما الكبار فطولها اربعة اشبار وعرضها ما بين اربع اصابع مصمومة
الى ثلاث اصابع دليل طواهر الجوهر من غير طرح حادة المتون حسنة الروس سهلاناتها تشبه سهلانات
القلعيات اوزانها ثلاثة ارطال الى ثلاثة ونصف والصغار منها نلدف العرض طاهرة الجوهر تـوجــد
حمراء بعد الجلا والفرند منه مقدار واحد ونصف من فرند القلعى اكثر من فرند اليمانى فلبــلا
وترى فرنده بعد الطرح غير متصل فى مواضع عدة ليس فى كله وربما وجد قد الحكم فاردى هذا
الصنف من السيوف ما وجد فرنده عريضا ليس بظاهرة لها ترى ،

صفة السرنديبية جميع هذا الصنف الذى يسمى وفرند هذه السيوف رقى صفر خفيفة اكثر
عرضها ثلاث اصابع تشبه حديدها بالبهلهانية الا انه لا تخلوا فرنده من الرقة والهزال وارضه قبــل
الجلا احمر يضرب الى الغبرة وبعد الجلا احمر وفرنده صغار منقر وقلمودها تشبه قدود الـيمانيــة
السوادى ومنها ما صبع بفارس عليها ببانيل مذهبة ،

صفة البيض وفي سيوف قصار اعرض ما يكون وحملانها دقى اثبها ادى فلبلا فى سهلانها نقبتين
بالسنبك رسها اثقل من اسافلها تضرب رسها الى التدوير رقى الاطراف وفرنداتها تشبه الامكنة
فى القلعية كلها مستوبة ومنها ما يكون فرندداتها مسنحر كله لا كان لها ابه موضع مسنحر فذلك غير
مولد والبيض كوى اقدنع له من الغربى ومنها ما يكون له وشنحان على المحد وهو اصبر الـسيوف
على الضريبة واقلعنها لها وعلامة الغارسى انه اطيول من اللوى ولبس يظهر فرنده الا بعد الطرح لا
بشى خفى وفى ارض الحديد تضرب الى البياض والخضرة والفارسية اسافلها اثقل من روسها فاعلم
ذلك ان شاء الله تعالى ،

صفة الفرنجية وفن عراض الاسافل دفى الرس فى قد اليمانية العتف واحد عريضه كالبهر النهام وجوها تشبه بالشهاب الطهرينة وتركيب حلف الدرع ابيص النثى احر الارص قبل الطرح وبعده فى صدرها مثال او صليب ملهب محشو وبعص يكون فيه مسمار ملهب او سنة واحدة يشبه الحاسكين ما يلى شطبه لا يخرج فيها فرند والشطبنة معمرة عن طرف الخلاب بثلاث اصابع او اقل لا يظهر فى هذا الموضع وهو اخرط ريسا من اليمانية.

صفة اليمانية تجد حديدها على مثال الفرنجية الا الها اصفر رثما اواحلى واغرب صنعــــة واول السيف واخره مستوى بخروط وليس فيهن مثال لا صليب وسيلاناتها تشبه سيلانات اليمانية وكذلك الفرنجية اور معانيها سواء.

المولدة فى كل طبع فرنده معقدة عقدا صغارا واحدة الى جنب اخرى تشبه القلى وحـــديـــده اعرض ما يكون اصبعين ونصف ولا يظهر الا بعد الطرح فان ظهر منه شى قل رايت حديـــده منتظما بعصه بتلو بعصا وعلامته ان نقب سيلانه دقاى.

الحدنة البصرية يظهر حديده قبل الطرح معقدا تعقدا يشبه تعقد اليمانى وجوهر ناعم تتبين الرخاوة فيه مع سواد وظلمة تتبينه فى الشمس اضعاف ما تتبينه فى الظل حمى الشعر تنبو اليد عند تظهر اثار المصاقل فيه مختلفة العدود عراص ورقاى وقصار وطوال.

الدمشقية فن تواطع الذا كن فيهن سقاية الاول وهن طوال حديدها ابيص الا انها مختلفــة الجوهر وحديدها اربع اشبار ومرضها اربع اصابع واقل قليلا وق اقطع الحدنة كلها.

المصرية من السيوف فى طرلالية مستوية لاستواته قطعه ووجة السيف حده من الجانبين وله وجهين وله شارفين مرضه البرماعن والرومية فى البرماعن بعصها هندية والهندية تعرف باضطراب قدودهى والوائهن واثار المبرد فى شعرتهن والرومية فسواحى مصرية رقاى موضع خارج وموضع داخل وليـس بظاهر فى البرماعن كد قلبله وكثر جوهرهى بلشكالهن بلعصارهن الذا حدنت متزلهن واستوت طرحهن وتحتهن فلم يكن فيهن موضع داخل لا موضع خارج احفى من موضع وغلطهت اشعارهى ما خلا نفس الحديد ينبعى ان يكون رليف الحد فى الشعرا قد الشعرا من كل جانب هذه اقطع السيوف للكرابة فاما انطمها للثياب واللحم ارقهن اشعارا وليس للله يحمود ان تعرص الدنة فى الشعرا

فلاه ترى مخرج الزيت من تحت النصلة مثل الرصاص وتبين القضعة لك لا جوهر فيها وبيين اثر
القصلة فيها خفى وترى الفرند الذى وصفت له فى صدر القبار اليمانية شبيهٌ بالقود الـــذى
يتلو بعضه بعضا فى القولّد كمده يضرب الى السواد واشعار القولدة عند من القيد عليها خشونــة
وتخل اليمانية والقلعية تخرج اكثر لاخشى والهنديذ تخرج اكثر يضرب الى السواد والزيت الـــذى
تخرج من تحت مذاوسها وَحّا قليلا والقولّده تخرج كمله: ومحكامرها مثل الرماد والزيت الـــذى
تخرج من تحت مداوسها اسود٠

والبَهَلّمَانية صنفان القبار والصغار فاما القبار فطولها اربعة اشبار وعرضها ما بين اربع اصابع مضمومة
الى ثلاث اصابع طول طواهر الجوهر من غير ضرح حدّثها القتين حسنة الروس سيلانتها تشبه سيلانات
القلعيات اوزانها ثلاثة ارطال الى ثلاثة ونصف والصغار منها لطاف العرض ظاهرة الجوهر تـوجـــد
خراء بعد الجلا والفرند منه مقدار واحد ونصف من فرند القلعى اكثر من فرند اليمنى قليــلا
وترى فرنده بعد الطرح غير مُتّصل فى مواضع هذه ليس فى كله ربما وُجد قد الحكم فاردى هذا
الصنف من السيوف ما وُجد فرنده عريضا ليس بظاهرة لها ثمرة٠

صفة السرنديبية طبع هذا الصنف القلى يبسى وفرند هذه السيف رقاى صفر خفيفة اكثر
عرضها ثلاث اصابع تشبه حديدها باليمانية الا انه لا تخلوا فرنده من الرقة والهزال وارضه قبل
الجلا اكثر يضرب الى القهبرة وبعد الجلا اكثر وفرنده صغار منكر وقدروها تشبه قدود الـــيمــانبـة
السواجى ومنه ما طُبع بفارس عليها بائيل مذهبة٠

صفة النبيض وفُنْ سبيف قصار اعرض ما يكون وصلاتها دقى اعليها ادى قليلا فى سيلالها نعبتين
بالسنبك روسها اثقل من اسالها تَضرب روسها الى التدوير رقاى الاطراف وفرنداتها تشبه الامكنة
فى القلعية كلها مستوية ومنها ما يكون فرنداتها مساخرٌ كذه لما كان فيه موضع مساخرٌ[2] فذلك غير
مولّد والنبيض كوف اقنع له من الفارسى ومنها ما يكون له وشّاحان على الحدّ وهو اصبر السـيوف
على الضربية وانمعنها لها وعلامة الفارسى انه اتيل من القول وليس يظهر فرنده الا بعد الطرح لا
بشىء خفىّ وفى ارى الحديد تضرب الى البياض والخضرة والفارسية اسالها اثقل من روسها فاعلمْ
ذلك ان شاء الله تعالى٠

صفة الفرنجية وهنّ عراص الاسافل دقاى الروس فى قدّ اليمانية انعتف واحد عريصد كانبهر الظاهر وجوهها تشبه باثيهاب الدلبربة وتركيب حلف الدرع ابيص انثى اجر الارص قبل الطرح وبعده فى صدرها مثال او صليب مذهب محشو وبعص بكون فيه مسمار مذهب او سنة واحدة بشبه الحاسكى ما بلى شطبه لا يخرج فيهما فرند والشطبة مقصرا عن طرف الذباب بثلاث اصابع او اقلّ لا يظهر فى هذا الموضع وهو اخرط رسّا من اليمانية ٠

صفة اليمانية تجد حديدها على مثال الفرنجية الا انها اصغر وثنا واحنى واغرب صنعـــة واول السيف واخره مستوى بخروط وليس فيهن مثل ولا صليب وسيلاناتها تشبه سيلانات البمانية وكذلك الفرنجية اوفر معانيها سوا٠ ٠

المولدة فى كل طبع فرنده معقده عقدا صغارا واحدها الى جنب اخرى تشبه القلفى وحـــديـــده اعرص ما بكون اصبعين ولصف ولا يظهر الا بعد الطرح فان ظهر منه شى٠ قل رايمت حديــده منتظما بعصه بتلو بعصا وعلامته ان نقب سيلانه دقى ٠

الحددا البصرية يظهر حديده قبل الطرح معقدا تعقدا يشبه تعقد اليمانى وجوهره ناعم تتبين الرخاوة فيه مع سواد وظلمة تتبينه فى الشمس اضعاف ما تتبينه فى الظل حسن الشعر تنبو اليد منه تظهر اثر المصاقل فيه مختلفة القدود عراص ورقاى وقصار وطوال٠

الدمشقية فنّ قواطع اذا كان فيهن سقاية الاولى وهى طوال حديدها ابيض الا انها مختلفـــة الجوهر وقدودها اربعة اشبار وعرصها اربع اصابع واقل قليلا وفى اقطع الحددا كلها٠

المصرية من السيوف وطولاية مستوية لاستوائه قطعه ووجهة السيف خدّه من الجانبين وله وجهين وله شاربين عرصه البرماهن والرومية فى البرماهن بعصها هندبة والهندبة تعرف باضطراب قدودهى والوائهن واثر المبرد فى شعرتهن والرومية فصوادى مصرية رقاى موضع خارج وموضع داخل ولــيس بظاهر فى البرماهن كله قليل وكثرة جوهرهن باشكالهن بعصارهن اذا حادت متولهن واستوت طرحهن وتختهن فلم يكن فيهن موضع داخل لا موضع خارج احفى من موضع وفلطهت اشفارهن ما خلا نفس الحديد ينبغى ان يكون رقيف الحدّ قد الشفرة من كل جانب هذه اقطع السيوف للكرابة فما اقطعها للثياب واللحم ارقهن اشفارا وليس لذلك بمحمود وليس ان تعرص الدقة فى الشفرا

فانها اذا تخشنت الحربية الصلبة أُثبتت واعتدال الحمى عون للقطع ولذلك انه اذا اشتدّ سقيهن فبتت عند الضرب وان لا خلص، والاخرى من السيوف على قدره سير من الذنب وزعم بعض الناس ان السيوف عند خروجها من طَبْعها وبعده اعرف وارْوح واجْوَدُف ما كان راجعته راجعـــة دهن الدفلى والفيفور وراجعة الحمى والزعفران والرديّة ما كان راجعتها راجعة ابوال الـــبقر وارواح القرد والصفادع والحمأ والنحم وشُرُّها ما كان راجعته كراجحة فحم الصلحفاة والدم فانهّم لذلك ان شاء الله تعلى ۞